Baruch de Spinoza zur Einführung

Helmut Seidel

Baruch de Spinoza zur Einführung

JUNIUS

Junius Verlag GmbH
Stresemannstraße 375
22761 Hamburg
Im Internet: www.junius-verlag.de

Umschlaggestaltung: Florian Zietz
Titelbild: Zeitgenössisches Gemaelde, deutsche Schule
Wolfenbuettel, Herzog August Bibliothek
Foto: akg-images/Erich Lessing

Satz: Junius Verlag GmbH
Druck: Druckhaus Dresden
Printed in Germany 2007
ISBN 978-3-88506-644-6
2. Aufl. Februar 2007

Die Deutsche Nationalbibliothek – CIP-Einheitsaufnahme

Bibliografische Information Der Deutschen Nationalbibliothek
Die Deutsche Nationalbibliothek verzeichnet diese Publikation in der Deutschen Nationalbibliografie; detaillierte bibliografische Daten sind im Internet über <http://dnb.ddb.de> abrufbar

Inhalt

»Man rede nach der Fassungskraft der Leute [...].
Wir können nämlich nicht wenig Vorteil von ihnen
erlangen, wenn wir soweit wie möglich ihrer
Fassungskraft Rechnung tragen; hinzu kommt, dass
man auf diese Weise die Menschen dazu bringen
wird, der Wahrheit Gehör zu schenken.«

Baruch de Spinoza

1. Spinoza im philosophischen Diskurs der Gegenwart

Auf dem Markte, auf dem moderne und postmoderne Produkte philosophischer Arbeit angeboten werden, hat Spinoza nicht den günstigsten Stand. Seine Stimme – wie die der Vernunft klar und leise – scheint im lärmenden Getriebe unterzugehen. Zwar sind die Zeiten vorbei, in denen die Aufsicht führenden Mächte ihn wie einen räudigen Hund vertrieben. Seit Lessings Zeiten hat sich die Erkenntnis durchgesetzt, dass der niederländische Philosoph die geistige Kultur Europas mitgeprägt hat, dass namentlich die klassische deutsche Literatur und Philosophie ihm verpflichtet sind. Kaum eine Philosophiegeschichte daher, die Spinoza nicht achtungsvoll begegnen würde. Doch in vielen Fällen ist dies eine Achtung, die kostbaren Antiquitäten entgegengebracht wird. Man erfreut sich der kunstvoll geprägten Münze, deren Schau- und Sammlerwert im Glasschrank steigen mag, die allerdings längst außer Kurs gesetzt ist. Ist Spinoza aber nicht mehr als eine »Antiquität«, die nur von Kennern und Liebhabern geschätzt wird?[1]

Dass die herausragende Stellung Spinozas in der Philosophiegeschichte allgemeine Anerkennung gefunden hat, ist erfreulich; dass nach seiner Bedeutung für uns Heutige noch viel zu wenig gefragt wird, ist bedauerlich.

Könnte es nicht sein, dass der Meister des Aphorismus, Georg Christoph Lichtenberg, mit seiner Bemerkung, dass die

Philosophie der Zukunft ein geläuterter Spinozismus sein werde, recht behielte? Oder war dies nur die überspannte Erwartung eines vom Geist der Aufklärung inspirierten Göttinger Professors für Experimentalphysik? Jedenfalls verwies zwei Jahrhunderte später ein anderer Physiker – sein Name: Albert Einstein – darauf, dass sich die Philosophie Spinozas bisher nur deshalb nicht durchsetzen konnte, weil »[...] hierzu nicht nur Konsequenz des Denkens, sondern auch eine ungewöhnliche Lauterkeit, Seelenstärke und – Bescheidenheit gehört«[2].

Auch wenn der Fluch, der einst auf Spinozas Grab gespien wurde, noch nicht gänzlich seine Wirkung verloren hat, so wäre es nicht gerechtfertigt und auch spinozianischer Denkungsart zuwider, jenen Unredlichkeit vorzuwerfen, die in Spinoza keinen zeitgemäßen Denker sehen; zumal dann nicht, wenn diese für ihre Haltung nicht zu ignorierende Gründe anzugeben vermögen.

Ist nicht jeder Denker, so könnte mit Hegel gefragt werden, ein Sohn seiner Zeit, der eben diese in Gedanken fasst? Wenn Gegenwart eingeholte und überholte Geschichte ist, wie sollte dann ein Metaphysiker des 17. Jahrhunderts unserem postmodernen Zeitalter noch etwas zu sagen haben? Ist es nicht – besonders an deutschen Universitäten – ausgemacht, dass Kants Transzendentalphilosophie jeglicher metaphysischer Dogmatik und also auch dem Spinozismus das Lebenslicht ausgeblasen hat? Ist nicht Spinozas Philosophie in der Kritik, die Fichte, Schelling und Hegel, Feuerbach und Marx an ihr übten, aufgehoben worden? Schließlich: Der respektlose Nietzsche zollte zwar Spinoza hohen Respekt, aber er hat ihn wohl eher und in vieldeutiger Weise als einen »Unzeitgemäßen« angesehen.

Es scheint also ganz in der Ordnung der Zeit, wenn Heidegger und Wittgenstein im Zentrum gegenwärtigen Philosophierens stehen. Die Intentionen hingegen, aus Spinoza einen modernen

Denker machen zu wollen, scheinen reichlich überspannt. Überspannt sind diese jedoch nur, wenn Spinozas Philosophie in unvermittelter Weise auf den Boden unserer Gegenwart verpflanzt würde. Dann allerdings käme ein Neo-Spinozismus heraus, ähnlich der Neo-Scholastik, die es noch gibt, oder dem Neukantianismus, den es kaum mehr gibt. Die Folge wäre eine Spinoza-Orthodoxie mit dem dazugehörigen Kult um den Meister, bei dem die Wahrheit wie eine Münze daliegt, die nur noch einzustreichen ist. Wer im letzten halben Jahrhundert die Geschichte des Marxismus begleitet hat, weiß um die Gefahren, die in derartigem Umgang liegen.

Nicht um unreflektierte Übernahme der Philosophie Spinozas geht es, sondern um deren kritische Befragung, eine Befragung, die ihren Ausgangspunkt in Grundproblemen unserer Zeit hat. In der Konfrontation spinozistischer Philosophie mit unserer Gegenwart muss sich erweisen, ob sie Denkansätze beinhaltet, die für heutiges Philosophieren von Relevanz sind.

Dass die ökologische Krise, die die Menschheit an den Rand der Zerstörung ihrer Lebenswelt bringt, ein Grundmerkmal unserer Zeit ist, wird wohl kaum noch bestritten. Wenn die zügellose Ausbeutung der Natur durch den Menschen nicht fortgesetzt werden soll, dann ist ein verändertes Verhältnis zur Natur unabdingbar. Voraussetzung einer solchen Veränderung ist die Analyse bisheriger Verhältnisse und die Kritik jener philosophischen Gedanken, die diese stützen. Ein neuer Naturbegriff, der ein neues Verhältnis zur Natur zu begründen vermag, fällt nicht vom Himmel. Es ist an der Zeit, historisch aufgetretene grundlegende Naturbegriffe intensiver zu untersuchen. Könnte es nicht sein, dass in Spinozas Substanz-Auffassung Ansätze enthalten sind, die die Entwicklung einer ökologisch orientierten Philosophie zu fördern vermögen?

und damit auch ein neues Bild des Menschen in der Stellung zur Natur

Die ökologische Krise ist keine Krise der universellen Natur, sie ist eine Krise des Menschen, seiner praktisch-gegenständlichen und ideellen, besonders kognitiven Tätigkeit. Alle Zerstörungen, die der Mensch seiner Lebenswelt zufügt, setzen Naturgesetzlichkeit nicht außer Kraft, im Gegenteil, sie vollziehen sich auf ihrer Grundlage. Wenn Regenwälder abgeholzt werden, ergeben sich »natürlich« Klimaveränderungen; wenn der Treibgasausstoß zunimmt, vergrößert sich »natürlich« das Ozonloch.

Die Kraft und Notwendigkeit der Natur ist stärker als das Vermögen ihrer Teile, zu denen eben auch der Mensch gehört. Nicht die Natur als Ganzes, nur ihre Modifikationen unterliegen dem ständigen Entstehen und Vergehen, nur sie sind zerstörbar oder erhaltbar.

Der ökologischen Krise setzen die Theologen die Forderung entgegen, die Schöpfung zu bewahren. Diese Forderung ist selbstverständlich zu unterstützen, wenn damit auf menschliche Tätigkeits- und Verhaltensweisen gezielt wird, die der Erhaltung der menschlichen Gattung und ihrer Lebensbedingungen dienen. Die exorbitante Form dieses Postulats ist selbst vom theologischen Standpunkt aus zu hinterfragen. Sie hätte nämlich dann einen merkwürdig kleingläubigen Gottesbegriff zur Voraussetzung, aus dem dessen Allmacht herausfiele. Es sei denn, der Mensch würde als Endzweck der Schöpfung betrachtet, dann würde allerdings mit der Selbstzerstörung des Menschen der Sinn von Schöpfung in Frage gestellt. Wird der Mensch als Endzweck begriffen, so ist letzthin eine teleologische Naturauffassung die Konsequenz. Wird er als Ebenbild Gottes verstanden, was ja immer eine Ähnlichkeit Gottes mit dem Menschen einschließt, dann hat dies eine anthropomorphe Sichtweise auf Gott und seine Wirkungsweise zur Konsequenz.

Ein Charakteristikum der Philosophie Spinozas besteht in der durchgängigen Kritik der Teleologie und des Anthropomorphismus. Ist diese Kritik hoffnungslos veraltet?

Dass aus einem bestimmten Gottes-, Substanz-, Natur- oder Materiebegriff sich logisch ein entsprechendes Menschenbild ergibt, ist ein nicht zu bezweifelndes Faktum der Philosophiegeschichte. Das in der *Ethica* dargestellte System von Spinoza scheint hierfür ein Paradebeispiel zu sein. In den ersten beiden, »Grund-legenden« Teilen, die von Gott und dem Ursprung des Geistes handeln, stehen anthropologische Gedanken keineswegs im Vordergrund. Das hat Generationen von Spinoza-Rezipienten und -Kritikern dazu verleitet, den Substanz-Begriff in den Mittelpunkt ihrer Aufmerksamkeit zu stellen. Die längst nicht überwundene Einseitigkeit in dieser Interpretation besteht darin, dass die Darstellungsweise mit der Genese des Systems in eins gesetzt wird, was zur Ignorierung der ursprünglichen Intentionen eines Denkers führen kann. Um die simple Tatsache, dass Philosophie von Menschen für Menschen gemacht wird, kommt keiner herum. Wo es kein Selbstbewusstsein beim Produzenten und kein Bewusstsein vom Adressaten gibt, dort ist keine Philosophie.

Bei Spinoza handelt es sich um Philosophie auch deshalb, weil er nicht nur von der Substanz auf den Menschen, sondern auch vom Menschen auf die Substanz schließt. Von der wechselseitigen Abhängigkeit von Ontologie und Anthropologie, die im Grunde jede Genese eines philosophischen Systems charakterisiert, hat Spinoza ein klares Bewusstsein; ja, er macht diese Einsicht zu einem methodischen Prinzip. Es ist richtig gesagt worden, dass seine Theorie »[...] einen doppelten Ausgangspunkt hat: den Ausgang von Gott *und* den Ausgang vom Menschen«[3].

Das Erregende bei Spinoza ist nun gerade, dass dieser doppelte Ausgangspunkt, dieser »Perspektiven-Dualismus«, mit der Überwindung jenes philosophischen Dualismus verbunden ist, der Sein und Denken als getrennte Bereich fasst, die nur von einer transzendenten Ursache zu vermitteln sind.

Wer annimmt, Spinozas Schritt über Descartes hinaus bestünde nur darin, dass er die res extensa und die res cogitans als Attribute der *einen* Substanz versteht, hat nur eine sehr allgemeine und abstrakte Vorstellung von seiner Philosophie. Die Überwindung des Cartesianismus findet eben nicht nur in der Ontologie statt; in konkreter Weise erfolgt sie in der Anthropologie.

Angesichts der Grundthese dieser Anthropologie, wonach der Mensch Teil der Natur und deren Gesetzmäßigkeit unterworfen ist, ist Spinoza nicht selten der Vorwurf gemacht worden, dass daraus Fremdbestimmtheit und Unselbständigkeit des Menschen folgten, letztlich also Fatalismus. Verbleibt man auf dieser Denkebene, dann müsste allerdings auch zugegeben werden, dass die Leugnung dieser These die Selbstbestimmung des Menschen, seine Selbständigkeit auf den Boden eines heillosen Subjektivismus stellt.

Spinozas Intention ist darauf gerichtet, die scheinbare Antinomie: entweder Fatalismus oder Subjektivismus aufzulösen. Seine Fragestellung lautet: Ist in einer durchgehend determinierten Welt, die zu leugnen aller Wissenschaft den Boden entziehen würde, Selbstbestimmung des Menschen möglich? Und wenn ja, in welcher Weise? Es ist dies die alte, aber keineswegs veraltete Frage nach dem Verhältnis von Notwendigkeit und Freiheit.

Die Antwort des Amsterdamers fällt prinzipiell anders aus als die, die später vom Königsberger gegeben wurde.

Die von Kant vorgenommene scharfe Grenzziehung zwischen Natur- und Sittengesetz ist vom Standpunkt spinozianischer Denkweise nicht nachvollziehbar. Nicht auf der Autonomie des menschlichen Willens und dessen Bestimmung allein durch unsere Vernunft gründet sich bei Spinoza menschliche Freiheit, sondern auf Erkenntnis der Gesetze der Natur, einschließlich der Gesetze der menschlicher Natur, und entsprechender Tätigkeits- und Verhaltensweise. Tugend ist bei Spinoza nicht jenseits des Natürlichen angesiedelt, sie ist die eigentliche Natur des Menschen, sofern dieser die Macht hat, etwas zu bewirken, was nur durch die Gesetze seiner eigenen Natur begriffen werden kann.

Nun mag man zu einer normativen Ethik, wie sie sich aus dem kantschen Ansatzpunkt ergibt, oder zu einer nicht-normativen Ethik, wie sie aus dem spinozistischen Ansatzpunkt folgt, stehen, wie man will. Mit Fichte wird allerdings anerkannt werden müssen, dass beide Systeme hinsichtlich ihrer Begründung und der Konsequenz ihrer Durchführung die herausragenden der Neuzeit sind. Und daraus darf dann wohl die Forderung abgeleitet werden, dass nicht nur eines von ihnen im ethischen Diskurs der Gegenwart mit Aufmerksamkeit bedacht werden darf.

Wer berücksichtigt, dass die menschliche Vernunft sich ständig vor den partiellen Interessen, denen zumeist Begierden zugrunde liegen, blamiert, der wird die »List der Vernunft« nicht zu hoch veranschlagen. Ist unsere Gegenwart nicht gerade dadurch charakterisiert, dass die von Affekten getriebene rastlose Tätigkeit des Verstandes und seine Vergegenständlichungen zu höchst unvernünftigen Resultaten führen? Gleicht unsere Lage nicht der Situation jenes Zauberlehrlings, der die gerufenen Geister nicht mehr los wird? Wo aber ist der alte Meister, der sie zu bannen vermag?

Anders gefragt: In welchem Maße sind Tätigkeit und Verhalten der Menschen von ihren Affekten, die aus der Kraft und Notwendigkeit ihrer Natur hervorgehen, bestimmt? Und in welchem Maße ist die menschliche Vernunft in der Lage, die Affekte im Zaume zu halten? Die landläufige Meinung, wonach der »Rationalismus« Spinozas gerade in der Postulierung der absoluten Macht der Vernunft über die Affekte besteht, verfehlt das Wesen seiner Psychologie. Einer derartigen Idealisierung des menschlichen Wesens hat Spinoza nie das Wort geredet. Affekte sind nicht durch Vernunft, sondern immer nur durch andere Affekte zu begrenzen, so wie ein Ding immer nur durch andere Dinge und ein Begriff immer nur durch andere Begriffe zu begrenzen sind. Die menschliche Natur ist nicht zu beweinen und nicht zu verlachen, sie muss verstanden werden.

Dass die Zahl heutiger Psychologen, die in Spinoza einen ihrer Stammväter sehen, im Wachsen begriffen ist, hat seinen Grund darin, dass sich seine Affektenlehre als realistisch erweist, dass von ihr aus das Verhältnis von Affekt und Vernunft aufgehellt werden kann. Kann dies im heutigen philosophischen Diskurs unberücksichtigt bleiben?

Die Aktualität Spinozas wird noch dadurch verstärkt, dass seiner Affekten- und Vernunftlehre eine Toleranzauffassung innewohnt, die fern jeglicher Illusion ist. Bedarf nicht unsere Gegenwart, in der die Intoleranz nach wie vor schreckliche Triumphe feiert, eines Toleranzverständnisses, das nicht wie ein schönes Ideal wirkungslos über der Realität schwebt, sondern sich der Schwierigkeiten seiner Verwirklichung voll bewusst ist? Der dem Affekt Liebe gegenüberstehende Affekt Hass ist der wirkungsvollste, der Toleranz gefährdet. Trotz zweitausendjähriger Predigten über Nächstenliebe ist er, wie die Erfahrungen zeigen, nicht ausgerottet. Spinoza findet für dieses Faktum eine Erklärung: Affekte, die aus der Kraft und Notwendigkeit der Natur entspringen, können nicht abgeschaltet werden. Affekte wie Liebe und Hass gehören zum Wesen der menschlichen Natur. Wohl aber kann der intolerante Charakter der Affekte eingeschränkt werden. Hat dazu Spinoza nicht Wege gewiesen?

Spinozas Toleranzauffassung beschränkt sich nicht auf die Frage nach den Verhältnissen von Mitgliedern von Religionsgemeinschaften, aber natürlich hat ihn diese, die in seinem Jahrhundert Gegenstand heftigster Auseinandersetzungen war, stark berührt. Sein Verhältnis zur jüdischen und christlichen Religion, das von Dissens und Konsens charakterisiert war, erschütterte sein Jahrhundert und rief ein ganzes Heer intoleranter Kritiker auf den Plan. Obwohl die Hektik dieser Diskussion in unseren Tagen abgeflaut ist, bleibt die kritische Religionsphilosophie Spinozas immer noch nachdenkenswert.

Spinozas Gottesbegriff, der angesichts des Deus sive natura den etablierten Religionsgemeinschaften unannehmbar schien, legte zwar den Grund für sein philosophisches System, aber die Pole, um die sich sein Denken drehte, waren Ethik und Politik.

Erst in unserer Zeit hat die politische Philosophie Spinozas wieder an Interesse gewonnen. Das hat seinen Grund darin, dass der Demokratiebegriff, der im politischen Denken unserer Tage einen zentralen Platz einnimmt, bei Spinoza fest in seine Naturanschauung und in seine Anthropologie eingebunden ist. Es stellt sich daher die Frage, ob nicht Spinozas Demokratieverständnis festere philosophische Grundlagen hat, als dies bei John Locke und den ihm folgenden Aufklärern, auf die sich die heute gängigen Demokratieauffassungen letztlich stützen, der Fall ist.

Schließlich ein letzter Gedanke, der die Notwendigkeit der stärkeren Einbeziehung Spinozas in den gegenwärtigen philosophischen Diskurs zu bekräftigen vermag: An philosophischer Literatur ist in unserer Zeit kein Mangel, philosophische Hal-

Gott oder Natur.

tungen dagegen sind weit seltener anzutreffen. Wer eine solche erwerben will, kann selbstverständlich in die Schule des Sokrates gehen; er sollte aber die des Spinoza keinesfalls auslassen.

2. Spinozas philosophische Lebensform

Von Seneca wird berichtet, er habe auf den Vorwurf, dass seine Lehre seiner Lebensart widerspreche, dass er Wasser predige, aber Wein trinke, so geantwortet: Ich bin ein Wegweiser; von diesem aber kann nicht verlangt werden, dass er den gewiesenen Weg auch geht. Dagegen gleicht Spinoza einem Spurenleger, der nicht nur die Richtung kennt, sondern den Weg gerade dadurch weist, dass er ihn selbst zurücklegt.

Seit Sokrates und einigen seiner Schüler (Kyniker) ist die Übereinstimmung von philosophischer Denkweise und existentieller Lebensform nirgends so überzeugend demonstriert worden wie von Spinoza. Philosophie ist ihm vorzüglich Ethik, die nicht nur die Möglichkeit von Tugend theoretisch begründen, sondern gelingendes Leben bewirken will. Mit den Stoikern, von denen ihn vieles trennt, ist er sich darin einig: Glückseligkeit ist nicht der Lohn der Tugend, sondern diese selbst.

Wie stark Spinoza seine Grundintention auf seine eigene Person bezieht – was in anderen Fällen keineswegs seine Art war –, davon zeugt die Einleitung in seiner frühen *Abhandlung über die Verbesserung des Verstandes.*

»Nachdem die Erfahrung mich gelehrt hat, dass alles, was im täglichen Leben sich gewöhnlich ereignet, nichtig und wertlos ist, und da ich sah, dass alles, vor dem ich mich fürchtete und das ich fürchtete, nicht etwas Gutes oder Schlechtes in sich selbst enthielt, sondern nur insofern, als das Gemüt davon bewegt wurde, so beschloss ich endlich zu erforschen, ob es irgendetwas gäbe, das ein wahres Gut sei, dessen man teilhaftig werden könne und von dem allein, unter Zurückweisung alles anderen, das Gemüt erfüllt werde; ja, ob es etwas gäbe, durch das ich, wenn es von mir entdeckt und erlangt wird, eine beständige und höchste Freude auf ewig genießen könne.« (TIE, S. 7)

Das hier skizzierte Forschungsprogramm ist nicht nur von existentieller Bedeutung, es trägt ebenso alternativen Charakter. Vorausgesetzt ist nämlich, dass die Alltäglichkeit keineswegs schon gelingendes Leben, dass der Ängste bewirkende Druck des Seienden nicht überwunden und dass das wahre Gut noch nicht gefunden ist. Schon dies musste jene erschrecken, die ihr Leben in der Ordnung fanden und das höchste Gut in ihre anthropomorphe Gottesvorstellung einbezogen sahen.

Die theoretische und praktische Erfüllung des Programms machte Spinoza zum bestgehassten Mann seiner Zeit. Die ersten Angriffe gegen seine Denk- und Lebensweise kamen von Vertretern der jüdischen Religion, in deren Geiste der Knabe erzogen worden war. Mit wachsender intellektueller Reife entfernte er sich von ihr.[4] Da er nie ein Angepasster war, der wider besseres Wissen handelte, brach er mit den von dieser Religion vorgeschriebenen Lebensregeln. Den großen Bannfluch, mit dem er aus der jüdischen Gemeinde ausgestoßen wurde, hat er gelassen aufgenommen. Er kroch weder zu Kreuze, noch suchte er den Schutz anderer Religionsgemeinschaften, deren Lehren und Riten seiner Denkweise nicht adäquat waren. So wurde er zum ersten Konfessionslosen, was ihm in seiner Zeit, deren Geist vom religiösen Bewusstsein dominiert wurde, natürlich den Ruf eines furchtbaren Atheisten einbringen musste.

Im Konflikt mit den religiösen Mächten unterscheidet sich Spinozas Haltung sowohl von der des Giordano Bruno wie von der des Galileo Galilei. Der italienische Physiker widerrief in äußerlicher Form seine das alte astronomische Weltbild revolutionierenden Erkenntnisse, ohne seine innere Überzeugung, dass die Erde sich doch bewege und dass der sanften Gewalt der Vernunft auf die Dauer keiner widerstehen könne, preiszugeben. Bei Spinoza findet sich nicht die Spur eines Widerrufes. Mit bewundernswürdiger Konsequenz hat er nicht nur seine philosophischen Anschauungen entwickelt und verteidigt, sondern ebenso für allgemeine Denkfreiheit gestritten. In ihren Handlungen unterliegen zwar die Individuen den Gesetzen des Staates, nicht aber in ihrem Denken.

Giordano Bruno hat vor dem Inquisitionsgericht seinen philosophischen Überzeugungen nicht abgeschworen. Dass er daraufhin verurteilt und verbrannt wurde, machte ihn – neben Sokrates – zum bedeutendsten Märtyrer im philosophischen Bereich. Spinoza ist trotz Verfolgungen, denen auch er ausgesetzt war, kein Märtyrer geworden. Das hat seinen objektiven Grund in den damals weitgehenden, freilich nicht unbegrenzten Freiheiten, die die Niederländer in ihrem Unabhängigkeitskampf gegen das katholische Spanien errungen hatten. Nicht umsonst hat es Spinoza als Glück empfunden, in diesem Lande zu leben. Der subjektive Grund aber liegt darin, dass er die Standhaftigkeit Brunos und anderer wohl achtete, Märtyrertum aber nicht anstrebte. Unnötige Zuspitzung der ohnehin scharfen Konflikte und laute Eklats waren ihm zuwider. Dies nicht aus Feigheit, denn ein Feigling hätte niemals neue kühne Gedanken geäußert, die Gefahr heraufbeschwören mussten. Wohl eher eingedenk des Satzes, dass es sinnvoller ist, für die Wahrheit zu leben, als für sie zu sterben. Daher das »CAUTE« auf seinem Siegelring, daher die so oft falsch interpretierte Zurückgezogenheit. Die Klugheit, die Erfahrungen und Erkenntnisse nutzt, stellte er in den Dienst der Weisheit, die in der Erkenntnis lebt.

Seine kritische Aufmerksamkeit richtete Spinoza keineswegs nur auf religiöse Denk- und Lebensformen, sondern auch und vor allem auf das praktische Leben. Menschenkenntnis zeichnete ihn aus, nicht Lebensfremdheit. »Dasjenige nämlich, worin es im Leben meistens geht und was unter den Menschen, wie ihre Taten zeigen, als sozusagen höchstes Gut eingeschätzt wird, lässt sich auf diese drei Dinge zurückführen: nämlich auf Reichtum, Ehre und Genusssucht.« (TIE, S.7)

Dass die Jagd nach Reichtum, das Häufen von Gulden auf Gulden nicht nur nicht mit gelingendem Leben identisch ist, sondern auch der Erforschung des wahren Gutes entgegensteht, hat Spinoza frühzeitig erkannt und seine Konsequenzen daraus gezogen. Er kehrte dem Geschäft, das er nach dem Tode seines Vaters gemeinsam mit seinem Bruder übernommen hatte, den Rücken und bestritt seinen Lebensunterhalt durch das Schleifen von Linsen. Diese Tätigkeit harmonierte gut mit seinen wissenschaftlichen und philosophischen Interessen. Wie er die Begriffe schliff, damit klarer gedacht wird, so schliff er Linsen, damit deutlicher gesehen wird.

Reichtum, so Spinoza im Gegensatz zum gleichaltrigen John Locke, erweitert nicht die Freiheit, sondern vernichtet sie. Reichtum erzeugt die Gier nach größerem Reichtum. Je größer diese Gier, umso größer die Abhängigkeit vom Gegenstand der Gier, also umso größer die Unfreiheit. Nicht der Mensch beherrscht seinen Reichtum, dieser beherrscht ihn.

In einem Brief erzählt Spinoza mit offensichtlicher Freude und Zustimmung eine Anekdote über Thales. Der Mileser war von dem Satz ausgegangen, dass unter Freunden alles gemeinsamer Besitz sei. Da nun Philosophen Freunde der Götter sind, die alles besitzen, folglich auch den Weisen alles gehört, bedürfen sie nicht des partiellen Reichtums, zumal dieser der Freundschaft zu den Göttern im Wege steht. Mit dieser Wendung, so kommentiert Spinoza, »hat sich dieser weise Mann [...] zum Reichsten gemacht, mehr indem er den Reichtum großgesinnt verachtete, als indem er ihm gierig nachjagte« (E, S. 199).

In Spinozas Erzählung erscheint Thales als Freund der Götter, nicht als Knecht seines Herrn. Hier wird nicht an das Armutsideal gedacht, das bei der Gründung mittelalterlicher Mönchsorden Pate stand. Askese hat immer das Bewusstsein eines Gegensatzes zwischen Leiblichem, Natürlichem einerseits und Seelischem, Geistigem andererseits zur Voraussetzung. Im Namen des Letzteren wird das Erstere unterjocht. Von dieser Kluft, die innerhalb der christlichen Religion aufgerissen wurde, hat Thales nichts gewusst; und Spinoza hat sie zu schließen gesucht. Die Erkenntnis der Einheit, die den Geist mit der gesamten Natur verbindet, war sein Ziel.

Wie stark sich Thales' Haltung von asketischer Lebensweise unterscheidet, macht die Fortsetzung der von Spinoza erzählten Anekdote deutlich. Wegen seiner Armut, so der Bericht, sei Thales von Bekannten gehänselt worden. Daraufhin schockierte er seine Kritiker auf doppelte Weise. Als Naturforscher und größter Sternkundiger seiner Zeit sah er eine außerordentlich reiche Olivenernte voraus. Er erwarb daher zu niedrigem Preis so viele Keltern, wie er aufzutreiben vermochte. Als die Olivenschwemme einsetzte und alles nach Keltern schrie, vermietete er die seinigen zu hohen Preisen. Auf diese Weise erwarb er großen Reichtum, über den seine Zeitgenossen nicht schlecht staunten. Es blieb ihnen aber der Mund offen stehen, als sie sahen, wie Thales diesen Reichtum ebenso freigebig verteilte, wie er ihn klug und leicht erworben hatte. Was war schon dieser Reichtum gegenüber der Freundschaft zu den Göttern?

Wie die Gier nach Reichtum, so führt auch die Jagd nach Ruhm und Ehre an einem gelingenden Leben vorbei.

Unter den sehr wenigen Zitaten, die Spinoza in sein Hauptwerk aufgenommen hat, findet sich das folgende aus Ciceros Rede für Archias: »Die besten Menschen werden sehr stark von Ruhmbegierde geleitet. Sogar die Philosophen setzen ihre Namen auf die Bücher, die sie über die Verachtung des Ruhms schreiben.« (44. Brief)

Diese spitze Bemerkung trifft Spinoza nicht. Er hat nur eines seiner Bücher unter seinem Namen veröffentlicht; und dieses enthielt vornehmlich eine Darstellung der cartesianischen Philosophie. Dass der *Theologisch-politische Traktat* anonym erschien, hat ganz sicher seinen Grund nicht nur in Spinozas Bescheidenheit. Dass er aber Anweisung gab, die *Ethica* ohne Angabe seines Namens zu veröffentlichen, ist ohne den Verweis auf seine ablehnende Haltung der Ruhmsucht gegenüber nicht hinreichend erklärbar.

Ehrgeiz und Stolz sind für Spinoza Begierden, durch die viele Affekte genährt und verstärkt werden und die daher fast unüberwindlich erschienen. Eben weil er dies erkannt hat, hat er diese Begierden gemäßigt wie kaum ein anderer. Hochmut, also von sich selbst eine höhere Meinung zu haben, als recht ist, kann Spinoza nicht angelastet werden.

Der Ruhmsüchtige sieht das Ziel seiner Handlungen und seines Verhaltens in der Bestätigung und Lobpreisung durch andere. Er lässt sich deshalb nicht von seiner eigenen Natur leiten, sondern vom Wollen derer, deren Anerkennung er sucht. Er findet daher nicht seine Persönlichkeit, sondern den Verlust seiner Persönlichkeit bestätigt.

Was beim Jagen nach Reichtum und Ruhm der Fall ist, gilt auch für das unausgesetzte Verlangen nach Sinnengenuss. Bei Letzterem erstirbt die Begierde, und die Lust schlägt in ihr Gegenteil um.

Um Missverständnisse von vornherein auszuschließen und die Spezifik spinozistischer Kritik schon hier anzudeuten, ist zu bemerken, dass diese Kritik keine »moralisierende« ist. Wenn unter Moralisten jene verstanden werden, die wähnen, einen fertigen Moralkodex an der Hand zu haben, der als Maßstab zur Beurteilung – und zur Verurteilung – menschlicher Handlungen und Verhaltensweisen zu dienen vermag, dann gehört Spinoza nicht unter die Moralisten. Weder übernimmt er alte, noch schreibt er neue Gesetzestafeln. Er schwingt nicht das Richterschwert und tritt den Menschen nicht mit dem imperativen »Du sollst!« entgegen. Zu postulieren, was der Mensch sein soll, ist seine Sache nicht. Zu erkennen, *wie er seiner Natur nach ist*, darauf läuft seine Intention hinaus.

Seiner Natur nach aber ist der Mensch weder Engel noch Teufel, noch beides in einem. Er ist Teil der Natur und als solcher ihrer Gesetzmäßigkeit unterworfen. Das Streben nach Sinnengenuss, Ruhm und Reichtum zeugt nicht von einem Defekt der Natur, noch widerspricht es ihr, vielmehr geht es aus ihrer Kraft und Notwendigkeit hervor.

Wenn aber – so fragen die Kritiker, die Spinoza Fatalismus vorwerfen – alles der Naturnotwendigkeit folgt, die Handlungs- und Verhaltensweisen kausal bestimmt sind, die Menschen also als durch Determination gefesselte Wesen erscheinen, deren Bestrebungen das Gegenteil des anvisierten Ziels zum Resultat haben, was macht es dann für einen Sinn, menschliche Handlungen der Kritik zu unterwerfen? Wer wird einen großen Raubfisch kritisieren, der seiner Natur gemäß kleine Fische frisst, auch wenn er versteckte Angelhaken in einigen kleinen Fischen übersieht, die das Gegenteil seiner Bestrebung nach Selbsterhaltung bewirken? Liegt nicht in den von Spinoza gemachten Voraussetzungen schon selber die Unmöglichkeit einer solchen Kritik?

Dieser Gedankengang scheint der Logik nicht zu entbehren, ist aber doch falsch. In ähnlich kurzschlüssiger Weise könnte nämlich gesagt werden, dass aus der Notwendigkeit des Irrtums, der ein Mangel an Erkenntnis ist und in unvermeidlicher Weise zur Natur des Menschen gehört, die Unmöglichkeit der Wahrheit folge.

Dass der Mensch ein von Begierden getriebenes Wesen ist, dass er von Affekten besetzt ist, die ihrerseits mit inadäquaten Ideen verbunden sind, sieht Spinoza genauso klar und deutlich wie die menschliche Fähigkeit, adäquate Erkenntnis zu erlangen. Die endliche Natur des Menschen ist gerade dadurch ausgezeichnet, dass sie fähig ist, nicht nur die ihr äußeren Dinge zum Gegenstand wahrer Erkenntnis zu machen, sondern auch die eigene Natur. Der Selbsterkenntnis stehen allerdings Hindernisse im Wege, die aus der Natur des Menschen selber folgen. In jedem Falle wird sie verfehlt, wenn sich der Mensch nicht als im Gesamtzusammenhang des Naturgeschehens stehend begreift, wenn er meint, ein gesondertes Wesen zu sein.

Das Erkenntnisvermögen ist keine suprasubstantielle Kraft. Wie alles andere auch geht es aus der Macht und Notwendigkeit der Natur, der Substanz oder Gottes hervor. Die Macht Gottes aber ist keine den einzelnen Dingen gegenüberstehende transzendente Macht; sie wirkt in ihnen gemäß deren eigener endlicher Natur.

Adäquates Selbstverständnis wird gerade dadurch möglich, dass die in der menschlichen Natur liegenden Ursachen, die falsches Bewusstsein evozieren und zu verfehltem Leben führen, erkannt werden. Die von Affekten und unangemessenen Ideen verursachte Knechtschaft ist überwindbar, Freiheit realisierbar. Spinozas Kritik des falschen Bewusstseins und seine Freiheitslehre werden im Weiteren zu begründen sein.

Spinozas knapp skizzierte Position ist wiederum mit philosophischen Haltungen verbunden. Verstehen und Verständnishaben gehören zusammen. Wer die menschliche Natur begreift, der wird für die Handlungs- und Verhaltensweisen seiner Mitmenschen Verständnis aufbringen. Verständnishaben aber ist eine Bedingung für Toleranz. Wer die menschliche Natur versteht, der wird sie weder verherrlichen noch verdammen; er wird mit Gelassenheit dem Getriebe der Zeit gegenübertreten.

Spinozas philosophische Gelassenheit ist keineswegs interesselose Teilnahmslosigkeit, dunkle Verschlossenheit, Zynismus. Von einer Aussteigermentalität kann keine Rede sein. Auch besteht seine Weisheit nicht darin, auf dem Olymp zu sitzen und in rein positivistischer Weise das menschliche Getriebe zu analysieren. Spinozas ruhige Gelassenheit ist insofern mit Menschenfreundlichkeit verbunden, als er es unternimmt, die Möglichkeit der Erkenntnis eines wahren Gutes nachzuweisen und gelingendes, also glückliches Leben zu fördern. Nicht aus einem abstrakten moralischen Prinzip wird diese Lebenshilfe abgeleitet, sondern aus der Erkenntnis, dass es auch zu meinem eigenen Glück gehört, »mir Mühe zu geben, dass viele andere dieselbe Erkenntnis haben wie ich und dass ihr Erkennen und Wollen mit meinem Erkennen und Wollen völlig übereinstimmt« (TIE, S. 9).

Mehr als tradierte Berichte, die subjektiv gefärbt sind und Widersprüche nicht ausschließen[5], zeugen Spinozas Briefe von seiner philosophischen Haltung. Interessiertheit an neuen wissenschaftlichen Erkenntnissen, Offenheit für Informationsaustausch, Diskussionsbereitschaft, gleichbleibende Geduld bei der Beantwortung von mehr oder weniger klugen Fragen, die seine Lehre betreffen, ungezwungene Ernsthaftigkeit und maßvolle Freundlichkeit zeichnen sie aus. Sachlichkeit dominiert, Persönliches tritt nicht in den Vordergrund. Vorsicht wird dort geübt, wo es geboten erscheint. Nur dann kommt Affektives ins Spiel, wenn Denk- und Glaubensfreiheit verteidigt werden müssen. Hätten wir nur seine Briefe, wir könnten uns ein Bild von einem bewunderungswürdigen und liebenswerten Menschen machen.

Übrigens verweist der Briefwechsel die Meinung, dass Spinoza ein einsamer, nur auf sich selber konzentrierter Denker gewesen sei, in das Reich der Fabel. Nicht nur die Korrespondenz mit seinen engeren Freunden, sondern auch der briefliche Gedankenaustausch mit Männern der zeitgenössischen Wissenschaft wie Oldenburg, Tschirnhaus, Leibniz, Huygens und – in vermittelter Weise – mit Boyle zeugt davon, dass er in den wissenschaftlichen Diskurs seiner Zeit einbezogen war.

Freilich, offiziell bekannten sich nur wenige zu Spinoza. Den meisten ging seine Kühnheit zu weit. Der deutsche Naturrechtslehrer Pufendorf nannte ihn einen »lockeren Vogel«. Trotzdem war Spinoza das, was in heutiger Zeit als Geheimtipp bezeichnet wird. Auf der Oberfläche des Geisteslebens nicht erscheinend, von keinem Fürsten protegiert, totgeschwiegen oder gar verfemt, erregte er doch Aufmerksamkeit bei denen, die an neuen wissenschaftlichen und philosophischen Gedanken interessiert waren. Dass Spinoza eine neuartige Philosophie vertrat, musste sich herumgesprochen haben. Wie sonst wäre zu erklären, dass der weltmännische Leibniz nichts unversucht ließ, um die Bekanntschaft Spinozas zu machen. Trotz einigen Zögerns seitens Spinoza kam eine Begegnung zustande. Leibniz' spätere negative Urteile über Spinoza zeigen – wie ja auch der Prioritätsstreit mit Newton –, dass auch Genies nicht frei von Affekten sind.

Ob es nun die Laune eines Fürsten war oder ein ernsthaft erwogenes Angebot, jedenfalls wurde Spinoza gebeten, eine Berufung als Philosophieprofessor an die Heidelberger Universität anzunehmen. Einem unbekannten armen Linsenschleifer wäre ein solches Angebot nicht unterbreitet worden, wenn dem nicht ein entsprechender Ruf vorausgegangen wäre. Auch bei Berücksichtigung der unterschiedlichen Zeiten – wer könnte heute die ehrenvolle und einträgliche Berufung an die älteste deutsche Universität ablehnen? Für das heutige Gerangel um philosophische Lehrstühle hätte Spinoza nur ein verständnisvolles Lächeln übrig gehabt. Seiner Haltung getreu lehnte Spinoza ab. Er wolle sein philosophisches Werk abschließen und wisse außerdem nicht, wie weit bzw. wie eng die Grenzen der zugesicherten Lehrfreiheit sein würden.

Die weitgehend selbstbestimmte Lebensweise, die sich deutlich von der üblichen, eher fremdbestimmten abhob, seine Gelassenheit, seine teils erzwungene, teils selbstgewählte Zurückgezogenheit haben viele Spinozabiographen und -interpreten dazu verführt, das Idealbild eines Weisen zu malen, der das Schicksal kennt und sich diesem ergibt. Wird seine Lehre durch diese Optik gesehen, dann scheint deren Charakteristikum Kontemplation zu sein. Es ist durchaus anzuerkennen, dass dieses Bild mitunter eindrucksvoll gemalt wurde; nur entspricht es weder seinem Leben noch seiner Lehre. Charakter und Lehre Spinozas bildeten sich in seinen aktiven Interaktionen mit seiner Umwelt.

3. Der Weg zum wahren Gut oder *Über die Methode*

Alle Wissenschaften haben – nach Spinoza – nur ein einziges Ziel, auf das sie hinzuleiten sind: menschliche Vollkommenheit. Diese fällt mit der Erlangung des wahren Gutes zusammen.

Die Frage ist, wie der menschliche Verstand befähigt werden kann, die Dinge so zu erkennen, wie es zur Erreichung des gesetzten Zieles erforderlich ist. Das schließt die Aufgabe ein, den Verstand von allem zu reinigen, was dem entgegensteht.

Zu diesem Zweck müssen die Formen unseres Wahrnehmens, die Quellen unseres Wissens analysiert werden, damit diejenige Erkenntnisart gewählt werden kann, die uns mit der größtmöglichen Gewissheit zur Lösung der gestellten Aufgabe führt.

Spinoza führt unsere Wahrnehmungsweisen auf die folgenden Quellen zurück:

(1) Vieles in unserem Wissen stammt nur vom bloßen Hörensagen. Durch Worte und andere Zeichen haben wir dieses und jenes vernommen, zum Beispiel unser Geburtsdatum. Dieses Wissen bleibt vom Verstand unreflektiert und so lange zweifelsfrei, wie uns nichts anderes gesagt wird. Dass diese Wissensart in den auf Wesenserkenntnis zielenden Wissenschaften nichts zu suchen hat, ist ebenso selbstverständlich wie der Umstand, dass sie zur Erkenntnis des wahren Gutes nichts beizutragen vermag.

(2) Eine zweite Art unseres Wissens resultiert aus der von uns selbst gemachten Erfahrung. Wir haben von dem, was wir

wissen, nicht nur gehört, wir haben es gesehen und gespürt, wir sind dabei gewesen. Das aus der Erfahrung entspringende Wissen gilt uns als zuverlässig zumindest so lange, wie wir keinen Fall beobachtet haben, der unserer bisherigen Erfahrung widerspricht. Von einer Geringschätzung der Erfahrung kann bei Spinoza keine Rede sein. Nicht nur, dass er sich nicht selten auf Erfahrungswissen beruft, er vermerkt auch, dass fast alles Wissen, das in der täglichen Lebenspraxis gebraucht wird, aus der Erfahrung stammt.

Spinozas Anliegen ist jedoch nicht, die Rolle der Erfahrung in menschlicher Lebenspraxis aufzuhellen. Er konzentriert sich ausschließlich auf die Frage, ob Erfahrungswissen imstande ist, die Erkenntnis des wahren Gutes zu befördern. Seine Antwort auf diese Frage fällt negativ aus. Das Erreichen des gesetzten Zieles vermag Erfahrungswissen deshalb nicht zu befördern, weil es durch die Zufälligkeit seines Zustandekommens charakterisiert ist, weil es zwischen nebensächlichen und Wesensbestimmungen nicht unterscheidet, weil Erfahrungswissen also nicht vom Verstand berichtigt wird, weil es immer relativ bleibt und zu keinem Ende kommt. Allein deshalb ist Erfahrungswissen aus den Wissenschaften auszuschließen, die ihr Ziel in der Erreichung des angegebenen Zieles haben.

(3) Die nächste Art unseres Wissens geht weder aus dem Hörensagen noch aus der Erfahrung hervor, sondern aus der Tätigkeit unseres Verstandes; dann nämlich, wenn aus dem Wesen einer Sache auf das Wesen einer anderen Sache geschlossen wird. Das ist dort der Fall, wo von einer Wirkung auf deren Ursache geschlossen wird oder wo von einem Allgemeinen aus, das stets von einem bestimmten Merkmal begleitet wird, ein Schluss für das Spezielle gezogen wird. Wenn wir wissen, dass ein ferner Gegenstand uns kleiner erscheint als derselbe, den wir in der Nähe betrachten, so kann daraus gefolgert werden,

dass Sonne, Mond und Sterne größer sind, als sie uns erscheinen.

Wenn eingesehen wird, dass meine Empfindungen immer nur die Empfindungen meines und keines anderen Körpers sind, dann kann davon abgeleitet werden, dass meine Seele und mein Körper miteinander verbunden sind. Worin allerdings die Ursache dieser Einheit liegt, kann auf diese Weise nicht hinreichend erfasst werden. Zwar kann von dieser Erkenntnisart gesagt werden, dass wir durch sie die Idee eines Dinges haben und aus dieser zu schließen vermögen, doch sie wird für sich allein kein Mittel sein, um Vollkommenheit zu erlangen.

(4) Endlich gibt es eine Erkenntnisart, in der ein Ding allein durch sein Wesen begriffen oder in der es durch die Erkenntnis seiner *nächsten* Ursache verstanden wird.

Der Satz, wonach ein Ding allein aus seinem Wesen zu begreifen ist, scheint auf den ersten Blick ziemlich dunkel. Er hellt sich auf, wenn das Folgende bedacht wird: Dass jeder denkende Mensch etwas weiß, also – in Spinozas Sprache – die Idee eines Dinges oder einer Sache (res) besitzt, ist unbestreitbar. Das Wissen von einem Gegenstand ist aber mit dem *Wissen vom Wissen* dieses Gegenstandes nicht identisch. Erst wenn ich auf die Idee des Gegenstandes reflektiere, die Idee des Gegenstandes selber zum Gegenstand meines Nachdenkens mache, eine *Idee der Idee* bilde, weiß ich, dass ich weiß. Die Erkenntnis des Erkennens kann also nur aus dem Wesen des Erkennens gewonnen werden.

Erkennen ist ein Vermögen der Seele. Wird deren Wesen erkannt, dann auch ihr Verbundensein mit dem Körper. Das so erlangte Wissen entspringt allein der Tätigkeit des Verstandes. Es ist dieselbe, durch die wir wissen, dass zwei Linien, die einer dritten parallel sind, auch unter sich parallel sein müssen.

Nur diese Erkenntnisart vermag das Wesen einer Sache in adäquater Weise zu erfassen. Sie ist also diejenige, auf die wir uns bei der Lösung der gestellten Aufgabe, die Spinoza nie aus den Augen verliert, stützen müssen.

Wo aber ist der Weg, der uns zu einem der vierten Erkenntnisart gemäßen Wissen über die Dinge führt, die zur Erreichung des Zieles benötigt werden? Es ist dies die Frage nach der Methode.

Spinoza hat den Titel seines Hauptwerkes *Ethik* durch den Zusatz *nach geometrischer Weise dargestellt* ergänzt. Daraus ist gefolgert worden, dass Spinoza keine eigene Methode entwickelt, sondern nur die vorliegende des Euklid aufgenommen und angewendet habe. Hegel etwa hat gegenüber Spinoza den Vorwurf erhoben, dieser habe sich seine Methode von einer anderen Wissenschaft ausgeborgt, was für die Philosophie unzulässig sei. Abgesehen davon, dass Spinoza – wie alle ernsthaften Philosophen seiner Zeit – die geometrische Methode mit der streng wissenschaftlichen gleichsetzte, zeichnet die Auffassung Hegels doch ein schiefes Bild, das durch die Darstellung von Spinozas Reflexionen über die Methode zu korrigieren ist.

In der *Abhandlung über die Verbesserung des Verstandes* beginnt Spinoza seine Betrachtungen über die Methode mit der Zurückweisung skeptischer Einwürfe, die gegen die Möglichkeit einer Methode, die zur Wahrheit führt, gerichtet waren. Um eine solche Methode zu finden – so die Argumentation der Skeptiker –, bedarf es einer Methode. Um diese zu finden, einer weiteren, die wiederum eine dritte zur Voraussetzung hat und so fort bis in die Unendlichkeit. Also ist eine Methode, die zur Wahrheit führt, überhaupt nicht zu finden.

Mit Ironie, die ihm nicht fremd war, entgegnet Spinoza, dass die Skeptiker, wenn sie diese Argumentationsform beibehalten, konsequenterweise das offensichtliche Faktum leugnen müssen, dass die Menschen imstande sind, Eisen zu schmieden. Denn um Eisen zu schmieden, bedarf es eines Hammers. Um diesen herzustellen, eines weiteren, dessen Herstellung einen weiteren zur Voraussetzung hat und so fort in die Unendlichkeit.

Dass die Menschen Eisen zu schmieden erlernten, erklärt Spinoza folgendermaßen: Zunächst verfügten sie über angeborene Werkzeuge, die sie aus eigener Kraft in ihrem Streben nach Selbsterhaltung anwendeten. Unter angeborener Kraft versteht Spinoza das, was in uns nicht durch äußere Ursachen bewirkt wird. Der Ausdruck Werkzeuge erinnert an Aristoteles, dem Spinoza aus hier nicht zu erörternden Gründen keine besondere Hochachtung entgegenbrachte. Wie er allerdings in seiner politischen Philosophie dessen Satz unterschrieb, dass der Mensch ein »zoon politicon« sei, so hätte er auch wohl die Auffassung des Aristoteles geteilt, wonach die Hand das Werkzeug aller Werkzeuge ist.

In frühester Zeit haben die Menschen mit ihren angeborenen Werkzeugen und Kräften mühsam und unvollkommen simple Aufgaben gelöst. Im Vollzug ihrer Tätigkeit lernten sie es, mit weniger Mühe Anspruchsvolleres und Hochwertigeres zu verfertigen, u.a. auch Eisen zu schmieden. Und so sind sie nach und nach von den einfachsten Arbeiten und selbstgefertigten Werkzeugen zu komplexen Arbeiten und Werkzeugen fortgeschritten, bis sie viele und schwierige Dinge ohne große Mühe hervorzubringen vermochten.

Dieser Gedankengang wird von Spinoza angestellt, um die Skeptiker zu widerlegen. Er zeugt darüber hinaus jedoch auch davon, dass Spinoza historischer Denkweise durchaus nicht fremd gegenüberstand. Ja, vielleicht liegt hier der Ansatz einer Geschichtsphilosophie vor, die allerdings nicht ausgeführt wurde.

Diese Hypothese findet ihre Bekräftigung weiter darin, dass Spinoza die Entwicklung der materiellen Werkzeuge mit der Entwicklung der »geistigen Werkzeuge« in Parallele setzt. In der

Weise, wie die »Hand« neue Werkzeuge schafft, so auch der »Kopf«. Mittels seiner angeborenen Kräfte bringt der Verstand Ideen hervor, die ihn in den Stand setzen, fortschreitend weiter zu forschen. Bei der Grundlegung seines philosophischen Systems hat Spinoza nachgewiesen, dass eine derartige Parallelisierung gerechtfertigt ist.

Beide »Entwicklungslinien« haben ihren Ausgangspunkt in einem angeborenen Vermögen. Die angeborene Kraft des Verstandes kann nur mittels Ideen wirken. Ein Verstand ohne Ideen wäre ungefähr dasselbe wie ein Quadrat ohne Linien und Winkel.

Nun ist jedoch die Idee eines Gegenstandes vom Gegenstand der Idee verschieden. Der real existierende Kreis hat Mittelpunkt und Peripherie, Merkmale also, die der Idee des Kreises nicht zukommen. Es leuchtet ja ohne Weiteres ein, dass ein ausgedehnter Körper mit der nicht-ausgedehnten Idee dieses Körpers keineswegs unmittelbar identisch ist.

Aus dieser Differenz ergibt sich, dass nicht nur der Körper in seinem realen Sein, sondern auch die Idee in ihrem formalen Sein zum Gegenstand des Erkennens werden kann. Den Unterschied, der zwischen dem Erkennen des Körpers und dem Erkennen der Idee des Körpers besteht, macht Spinoza durch folgendes Beispiel deutlich: Peter ist etwas Reales. Ich kenne Peter, habe also eine Vorstellung, eine Idee von Peter. Diese meine Idee von Peter ist selbstverständlich nicht Peter selbst, wohl aber drückt sie Sein und Wesen von Peter aus. Anderenfalls würde ich ja Peter gar nicht kennen. Um Peter zu kennen, bedarf es wohl einer Idee von Peter, aber einer Idee der Idee von Peter bedarf es ebenso wenig, wie die Erkenntnis des Wesens eines Dreieckes der Erkenntnis des Wesens eines Kreises bedarf. Um von Peter zu wissen, muss ich nicht wissen, dass ich von Peter weiß.

Beim Erkennen der Idee von Peter, bei der Bildung der Idee von dieser Idee ist das genaue Gegenteil der Fall. Ich hätte keine Idee von der Idee von Peter, wenn die Idee von Peter nicht vorausgesetzt wäre. Um zu wissen, dass ich weiß, muss Wissen schon gegeben sein. Ohne Idee keine Idee der Idee.

Was folgt aus diesen evidenten Überlegungen für die Bestimmung der Methode? Zunächst dieses: Wenn es eine Idee der Idee nicht geben kann, ohne dass eine Idee gegeben ist, dann kann es auch keine Methode geben, ohne dass zuvor eine Idee vorausgesetzt ist. Woher sollte denn die Methode kommen, wenn nicht aus dem reflektierenden Erkennen der Idee? Weiter: Zur Gewissheit seiner Wahrheit kann das reflektierende Erkennen keinen Maßstab finden, der außerhalb desselben läge. Woher sollte er wohl kommen? Es bedarf aber auch keines äußeren Zeichens, weil die Art, wie wir das formale Sein erkennen, wie wir die Idee der Idee erkennen, selber die Gewissheit ist. Schließlich: Wenn die Wahrheit das Zeichen ihrer selbst ist und keines äußeren Zeichens bedarf, dann folgt daraus, dass es unsinnig ist, nach einem solchen Zeichen zu suchen. Die Methode kann nichts anderes sein als die reflektierende Erkenntnis, als die Idee der Idee. Die wahre Methode ist der Weg, auf dem die Wahrheit selbst oder das objektive formale Wesen der Dinge oder die Idee – diese drei Ausdrücke, so vermerkt Spinoza ausdrücklich, bezeichnen ein und dasselbe – in entsprechender Ordnung gesucht und gefunden werden kann.

Der Weg zur Wahrheit liegt nicht außerhalb der Wahrheit, er ist die Entfaltung der Wahrheit. Die Methode besteht in der fortschreitenden Produktion geistiger Werkzeuge, die von den angeborenen Werkzeugen des Verstandes, der gegebenen wahren Idee, ausgeht, von deren Norm geleitet wird und zur Vervollkommnung unserer Verstandestätigkeit führt. Sie schließt die »Säuberung« des Verstandes von hemmenden und überflüssigen Faktoren ein. Sie stellt das Selbstbewusstsein des Verstandes dar, das Erkennen seiner Tätigkeit, das sich im Prozess dieses Erkennens vervollkommnet.

Hier kann von einer Übernahme der Methode keine Rede sein, wohl aber davon, dass die skizzierten Gedanken Spinozas der hegelschen Methode nicht fremd gegenüberstehen.[6] Der platonischen Ideenlehre aber stehen sie entgegen.[7] Produktion geistiger Werkzeuge im und durch den menschlichen Verstand ist mit wesensschauender Wiedererinnerung unvereinbar. Außerdem befinden sich bei Spinoza Idee und Ding nicht in einem Subordinationsverhältnis wie bei Platon, sondern in Parallelität zueinander. Die Ideen verhalten sich auf dieselbe Weise objektiv zueinander, wie sich ihre Gegenstände real zueinander verhalten.

Nun geht es Spinoza nicht nur um Vervollkommnung, sondern – wie am Beginn dieses Abschnittes gesagt wurde – um Vollkommenheit. Es ist also nach der vollkommenen Methode zu fragen. Spinoza antwortet so: Da das »Verhältnis, das zwischen zwei Ideen besteht, dasselbe ist wie dasjenige, das zwischen den an sich seienden Essenzen jener Ideen besteht, folgt daraus, dass die reflektierte Erkenntnis der Idee des höchstvollkommenen Seienden vorzüglicher sein wird als die reflexive Erkenntnis anderer Ideen. Das heißt: Die vollkommenste Methode wird diejenige sein, die im Hinblick auf die Norm der gegebenen Idee des höchstvollkommenen Seienden zeigt, wie der Geist zu leiten ist.« (TIE, S. 34 f.)

Die Idee des vollkommenen Seienden ist die Gottesidee. Die Methode ist zunächst der Weg zur Idee der Substanz, der seinen Ausgangspunkt in der angeborenen wahren Idee hat. Die Realisierung der Methode vollzieht sich allerdings in der Entfaltung des Systems, das die Gottesidee zum Ausgangspunkt hat. Der Weg zum Ausgangspunkt des Systems und der Weg vom Ausgangspunkt des Systems sind gegenläufig. Eine Auffassung, die sich sowohl bei Aristoteles[8] wie bei Hegel findet.

Bevor zur Betrachtung von Spinozas Gottes- oder Substanzbegriff übergegangen werden kann, ist noch eine zweite Seite von Spinozas Methodenlehre zu charakterisieren. Diese zweite Seite könnte als deren negativer Teil bezeichnet werden, weil in ihm nicht die Entfaltung der Wahrheit, sondern die Tätigkeit des Verstandes betrachtet wird, deren Resultate falsche Vorstellungen, Zweifel, Verknüpfungen von Ideen sind, die der objektiven Ordnung der Ideen und damit der Dinge nicht entsprechen. Es sind dies die Irrtümer, von denen der Verstand zu reinigen ist.

Die falschen Vorstellungen werden im nächsten Abschnitt behandelt, wo von der Möglichkeit und Notwendigkeit inadäquater Ideen die Rede sein wird. Hier ist zu bemerken, dass ein Irrtum als Irrtum nur zu erkennen ist, wenn er zum Wahren in Beziehung gesetzt wird. Die Wahrheit ist deshalb nicht nur das Zeichen ihrer selbst, sondern auch des Falschen.

Der Zweifel, den ja Descartes in vehementer Weise als methodisches Instrument einsetzte, ist für Spinoza nichts anderes als eine Unentschiedenheit des Verstandes. Diese resultiert aus der Unvollkommenheit der Erkenntnis eines Dinges. Aus dieser Unvollkommenheit, die das Resultat ordnungswidriger Untersuchung ist, ergibt sich, dass der Verstand es nicht vermag, etwas zu bejahen oder zu verneinen.

Gegen die von Descartes gedachte Möglichkeit, dass auch unsere sichersten Erkenntnisse das Blendwerk eines betrügerischen Gottes sein könnten, wendet Spinoza ein, dass wir deshalb wahre Ideen nicht in Zweifel ziehen können. Dass die drei Winkel eines Triangels zwei rechte Winkel ausmachen, ist zweifelsfrei. Wenn wir eine derartige Erkenntnis von Gott haben, ist aller Zweifel aufgehoben.

Dass der Verstand vieles fingieren oder erdichten oder sich einbilden kann, ist ebenso unbestreitbar. Ich kann ja Ideen in einer Weise verknüpfen, die weder der Ordnung der Ideen noch der der Dinge entspricht. Dies ist umso leichter, je weniger ich von der Ordnung der Natur weiß. Ich kann fingieren, dass Bäume reden, Gespenster im Spiegel erscheinen, aus nichts etwas wird, dass Gott sich in einen Menschen verwandelt und Ähnliches mehr.

Dem Fingieren des Verstandes sind jedoch Grenzen gesetzt. Die Grenzpfähle sind die Notwendigkeit und die Unmöglichkeit. Notwendig ist ein Ding, das, wird es als nicht-existierend gedacht, logische Widersprüche zur Folge hat. Unmöglich ist ein Ding, das, wird es als existierend gedacht, zu logischen Widersprüchen führt.

Möglich schließlich ist ein Ding, das sowohl als existierend wie auch als nicht-existierend gedacht werden kann, ohne dass logische Widersprüche auftreten.

Solange uns die Ursachen unbekannt sind, kraft derer der Verstand über Notwendigkeit oder Unmöglichkeit der Existenz der Dinge entscheiden kann, solange kann in Bezug auf Existenz und Nichtexistenz der Dinge fingiert werden. Fiktionen sind nur im Reich der Möglichkeiten denkbar. Außerdem bringt eine Fiktion niemals etwas Neues hervor. Sie verknüpft nur in verworrener Weise im Verstand gegebene Vorstellungen.

Von Fiktionen ist der Verstand ebenso zu reinigen wie von falschen Vorstellungen und Zweifeln, wenn das wahre Gut erlangt werden soll.

4. Substanz – Attribut – Modus

Vom absolut unendlichen Wesen, das Spinoza Gott nennt (Eth. I, Def. 6), können wir uns kein Bild machen. Bildhafte Vorstellungen sind immer begrenzt. Das absolut Unendliche kann von uns, die wir selbst endliche Wesen, Teile der unendlichen Natur sind, nicht umfasst werden. Können wir es erfassen?

Es ist die Frage, die sich Faust in seinem Studierzimmer stellt: »Wo fass' ich dich, unendliche Natur? Euch, Brüste, wo? Ihr Quellen alles Lebens.«

Welches Ding ich auch herausgreife, es ist immer von einem anderen Ding begrenzt, diese wieder von einem anderen Ding und so fort. Welche Ursache ich auch erkenne, sie ist immer die Folge einer anderen Ursache, die wiederum eine andere Ursache zur Voraussetzung hat und so weiter. Welchen Begriff ich auch wählte, er ist immer durch andere Begriffe bestimmt, die ihrerseits durch Begriffe bestimmt sind und so fort. Das führt zu der Gefahr, dass wir uns in der Unendlichkeit der Modifikationen und Relationen verlieren und die gestellte Aufgabe, ein absolut wahres Gut zu finden, unlösbar wird.

Lösbar erscheint sie dann, wenn ein Wesen erkannt wird, dessen Existenz notwendig in ihm eingeschlossen ist, das keine Ursache außer sich hat, sondern Ursache seiner selbst ist (causa sui), nicht durch anderes, sondern nur durch sich selbst ist, dessen Begriff nicht den Begriff eines anderen Dinges voraussetzen muss. Es ist genau das, was Spinoza als *Substanz* bezeichnet. (Eth. I, Def. 1 u. 3)

Wird dies als Ausgangspunkt gesetzt, dann folgt das weitere mit Notwendigkeit. Da die Substanz durch sich selbst ist und keine Ursache außer sich hat, die sie begrenzen könnte, ist sie – auf den Raum bezogen – *unendlich* und – auf die Zeit bezogen – *ewig*. Ist sie aber unendlich und ewig, kann die Substanz nur *eine* sein.

Da die eine unendliche und ewige Substanz nur vermöge der Notwendigkeit ihrer eigenen Natur existiert, kann sie auch in ihrem Handeln nur durch sich selbst bestimmt werden. Was nur durch sich selbst zum Handeln bestimmt wird, also durch nichts Äußeres dazu gezwungen wird, heißt *frei* (Eth. I, Def. 7) Daher kommt nur Gott oder der Substanz absolute Freiheit zu. Diese Freiheit steht zwar absolut äußerem Zwang gegenüber, nicht aber absoluter Notwendigkeit. Das Wirken Gottes ist nicht durch Willkür charakterisiert. Ein seinen Launen unterworfener Tyrann vermag willkürlich zu handeln, nicht aber die unendliche Natur. In ihr geschieht alles ihren Gesetzen gemäß. Wenn jemand sagt, die Freiheit Gottes und seines Willens bestehe darin, dass das, was aus seiner Natur folgt, geschehen oder auch nicht geschehen könnte, so wäre dies geradeso, als wenn er behaupten würde, dass man aus der Natur des Dreieckes folgern oder auch nicht folgern könnte, dass dessen drei Winkel zwei rechten Winkeln entsprechen.

Spinozas Begriff der Substanz ist nicht selten mit dem Seinsbegriff des Eleatismus verglichen worden. Vergleichen heißt, nach Gemeinsamkeiten und nach Unterschieden zu suchen, die zwischen zwei oder mehreren Dingen bestehen. Der Unterschied zwischen dem eleatischen Sein und der spinozistischen Substanz besteht darin, dass die eleatischen Denker das wahrhafte Sein als das vollkommen In-sich-Ruhende denken, während Spinoza die Substanz nicht nur als causa sui, sondern auch als Ursache aller Dinge fasst. Da keine Ursache ohne Wirkung

Ursache für sich selbst

sein und gedacht werden kann, ist Gott Wirkendes. Aus seiner unendlichen Natur muss auf unendliche Weise unendlich vieles folgen (Eth. I, Lehrsatz 16).

Damit sind Ausgangspunkt und Grundlagen des philosophischen Systems von Spinoza hinreichend charakterisiert. Bevor zur weiteren Konkretisierung übergegangen werden kann, ist Folgendes zu beachten: In unserer bisherigen Darstellung wurden Gott, Substanz und unendliche Natur als synonyme Begriffe gebraucht. Dies entsprechend der bekannten Formel: Deus sive Substantia sive Natura. Im Hinblick auf den Naturbegriff darf jedoch die Differenzierung nicht übersehen werden, die Spinoza im Anschluss an die Tradition macht: Die Unterscheidung zwischen schaffender Natur (natura naturans) und geschaffener Natur (natura naturata). Unter »natura naturans« wird dasjenige verstanden, was in sich ist und durch sich begriffen wird. Es ist die gleiche Bestimmung, die der Substanz zukommt. Dementsprechend können Substanz und schaffende Natur in eins gesetzt werden. Nicht in eins gesetzt werden darf die geschaffene Natur mit Gott. Mit »natura naturata« sind Daseinsformen Gottes gemeint, Dinge also, die zwar in Gott sind und ohne ihn weder sein noch begriffen werden können, als endliche aber unmöglich mit dem unendlichen Wesen gleichgesetzt werden dürfen. Der Mensch ist nicht Gott. Spinozas Lehre von den Modi wird dies weiter erhellen. Zunächst muss jedoch von den Attributen geredet werden.

Unter Attribut wird von Spinoza dasjenige an der Substanz verstanden, was der Verstand als zu ihrem Wesen gehörig erkennt. (Eth. I, Def. 4) Zum Wesen der Substanz gehören – um dies gleich vorweg zu nehmen und eine erste Vorstellung zu vermitteln – die Attribute Ausdehnung und Denken. Attribute drücken, jedes auf seine Art, ewiges und unendliches Sein aus. Da sie zum Wesen der Substanz gehören, sind sie – wie die Substanz selber – unendlich und ewig. Sie sind jedoch ewig und unendlich nur in ihrer Art. Die Unendlichkeit der Ausdehnung ist nicht die Unendlichkeit des Denkens.

Mit seiner Attributenlehre schreint Spinoza gewissermaßen erste Strukturen in das absolut unendliche Wesen. Der Unterschied zwischen der Substanz und ihren Attributen besteht darin, dass die Substanz nur eine ist, die Attribute dagegen viele sind, und zwar, wie sich gleich zeigen wird, unendlich viele. Eine weitere Differenz liegt darin, dass die Substanz unendlich in absoluter Weise ist, die Attribute dagegen in ihrer Art. Zum Wesen des absolut Unendlichen gehört alles, was Sein ausdrückt und keine Verneinung in sich schließt. Die Bestimmung eines Attributes aber umfasst bereits eine Verneinung. Definitio est negatio! Ausdehnung ist nicht Denken.

In der Geschichte der Spinoza-Rezeption ist immer wieder über die folgende scheinbare Ungereimtheit bei Spinoza diskutiert worden. Spinoza schreibt der Substanz unendlich viele Attribute zu, explizit erscheinen dagegen immer nur zwei: Ausdehnung und Denken. Der Grund dafür, dass dadurch Verwirrung entstand, liegt in der Voraussetzung, dass das Attribut Denken mit der Tätigkeit des menschlichen Verstandes identisch sei. Damit aber wird Spinoza missverstanden. Wie der Mensch nicht Gott ist, so ist der menschliche Verstand kein Attribut Gottes; er gehört zur geschaffenen Natur.

Dass Spinoza der Substanz unendlich viele Attribute zuschreiben muss, ergibt sich aus den Voraussetzungen. Wenn die Attribute zum Wesen der Substanz gehören, diese aber das absolut unendliche Wesen ist, dann muss sie durch unendlich viele Attribute charakterisiert sein, weil eine Beschränkung der Attribute eine Beschränkung der Substanz zur Folge hätte, was einen Widerspruch ergäbe.

Zum Denken gehört bei Spinoza das Wirken des Unbewussten hinzu, geht über den Verstand hinaus + Wirken Gottes durch uns, in unseren Verstand.

Der endliche menschliche Verstand erkennt nur zwei Attribute der Substanz, eben Denken und Ausdehnung. Das scheint im Hinblick auf die unendlich vielen Attribute sehr wenig zu sein. Es ist aber insofern hinreichend, als damit die Einsicht gegeben ist, dass beide Attribute ein und dasselbe Wesen ausdrücken, wenn auch in unterschiedlicher Weise. Was für diese beiden Attribute gilt, wird auch für die Attribute schlechthin gelten.

Über der Verschiedenheit der Attribute vergisst Spinoza keinen Augenblick, dass sie Ausdrucksweisen der *einen* Substanz sind. Ihre Verschiedenheit ist keine absolute, denn das Wesen der Substanz, das sie ausdrücken, ist das gleiche.

Genau hier zeigt sich ein Unterschied, der zwischen der Philosophie Descartes' und der Spinozas besteht.

Dass das Verhältnis von Denken und Ausdehnung ein gegensätzliches ist, leuchtet ohne Weiteres ein. Denken ist nicht ausgedehnt, und Ausdehnung denkt nicht. Denken ist nicht aus der Ausdehnung und Ausdehnung ist nicht aus dem Denken ableitbar. Beide erscheinen also als voneinander unabhängige Existenzen. Descartes fasste sie daher als an und für sich seiende Substanzen. Ihn quälte die Frage, wie es zu erklären sei, dass sich die Ordnung des reinen Denkens, wie es sich in der Mathematik vollzieht, mit der Ordnung der ausgedehnten Dinge in Übereinstimmung befindet. Oder anders formuliert: Wie ist Mathematik als Seinserkenntnis möglich? Dass die ideelle algebraische Gleichung einer Kurve im realen Raum völlig adäquat ist, kann vom Mathematiker nicht geleugnet werden, wenn anders Mathematik nicht als reines Gedankenspiel erscheinen soll. Nun kann aber die Ursache dieser Übereinstimmung weder im Denken noch in der Ausdehnung liegen. Also muss sie in einem Dritten gefunden werden. Descartes fand dieses Dritte in einem transzendenten Gott, der die beiden Substanzen Ausdehnung und Denken geschaffen hat. Gott gleicht hier dem Werkmeister, der zwei unterschiedliche, aber völlig gleich laufende Uhren angefertigt hat.

Indem Spinoza Ausdehnung und Denken von vornherein als Attribute der Substanz fasst, vermeidet er die Schwierigkeiten, die Descartes zu schaffen machten. Als Substanzen können Ausdehnung und Denken nämlich nur dann erscheinen, wenn sie durch Abstraktion von der Substanz getrennt werden. Die Differenz zwischen Descartes und Spinoza kann vielleicht in einem Satz so ausgedrückt werden: Gott schafft nicht die Substanzen Ausdehnung und Denken, Gott *ist* ein denkendes und ausgedehntes Wesen. Dass aufgrund der These, Gott sei ausgedehntes Wesen, Theologen verschiedenster Couleur erhebliches Geschrei anstimmten, ändert nichts daran, dass mit dieser Wendung der philosophische Dualismus überwunden, Monismus konstituiert und das Problem des psycho-physischen Parallelismus einer Lösung zugeführt wurde.

Die ganze Bedeutung dieser Wendung zeigt sich jedoch erst dort, wo von dem Verhältnis von menschlichem Körper und menschlicher Seele die Rede sein wird. Menschlicher Körper und menschliche Seele gehören der geschaffenen Natur an, sie sind Modi der Substanz.

Unter Modus versteht Spinoza eine Affektion, eine Erregung der Substanz. (Eth. I, Def. 5) Daraus folgt, dass Modi nicht außerhalb der Substanz sind und gedacht werden können. In Gott leben und handeln wir wie alle anderen Dinge, so wiederholt Spinoza nicht selten. Im Unterschied zur Substanz, die in sich ist und durch sich begriffen wird, ist ein Modus durch anderes, durch welches er auch nur begriffen werden kann. Ein Modus ist nicht die Ursache seiner selbst, sondern durch andere Ursachen bewirkt. Insofern er bedingtes Ding ist, ist er begrenzt und hat seine Zeit. Er unterliegt dem Entstehen und Vergehen. Sein Wesen schließt also nicht notwendige ewige Existenz ein.

Wichtig für das Verständnis von Spinozas Philosophie ist nun, dass nicht nur der Unterschied zwischen Substanz und Modus gesehen wird, sondern auch und vor allem der Zusammenhang.

Modi sind Daseinsformen der Substanz, aber solche, die durch die Attribute der Substanz vermittelt sind. Gott ist selbstverständlich die Ursache aller Modi, aber dergestalt, dass aus ihm als ausgedehntem Wesen die Modi der Ausdehnung, d.h. der Körper folgen, aus Gott als denkendem Wesen aber die Modi des Denkens, d.h. die Ideen. Nun ist aber Gott als ausgedehntes Wesen und als denkendes Wesen ein und dieselbe Substanz. So werden auch die Modi der Ausdehnung, die Körper, und die Modi des Denkens, die Ideen, ein und dieselben Dinge sein, die nur auf zwei verschiedene Weisen ausgedrückt werden. Der im Raum existierende Kreis und die Idee dieses Kreises sind ein und dasselbe Ding, das nur durch unterschiedliche Attribute ausgedrückt wird. Der in der Natur existierende menschliche Körper und die Idee dieses Körpers sind ein und dasselbe Ding, das einmal unter dem Aspekt der Ausdehnung und zum anderen unter dem Aspekt des Denkens betrachtet wird. Die Dualität von Körper und Seele, von der die Theologen viel Aufhebens gemacht haben, indem sie der Seele supranaturalistische Eigenschaften zuschrieben, ist damit aufgehoben.

Wenn ein Ding und die Idee dieses Dinges gegensätzlich nur als Daseinsformen der Attribute gedacht werden, im Hinblick auf die eine Substanz aber als identisch, dann wird auch das Verhältnis der Dinge untereinander und die Ordnung der Ideen im Hinblick auf die Substanz als ein und dasselbe gefasst werden können. Genau das bringt Spinoza zum Ausdruck: Die Ordnung und Verknüpfung der Ideen ist dieselbe wie die Ordnung und Verknüpfung der Dinge. (Eth. II, Lehrsatz 7)

Wiederum ist auf den Unterschied zwischen dem Attribut Denken und dem menschlichen Verstand aufmerksam zu machen. Wäre im menschlichen Verstand die Ordnung und Verknüpfung seiner Ideen der Ordnung der Natur adäquat, dann bedürfte es keiner Anstrengung des Verstandes, um die Natur fortschreitend zu erkennen. Spinoza redet hier nicht über die Verknüpfungen von Ideen im menschlichen Verstand, die zunächst nur in verworrener Weise vollzogen werden können. Die Notwendigkeit inadäquater Ideen im menschlichen Verstand, die verworrene Verknüpfung derselben oder die Notwendigkeit des Irrtums wird im nächsten Abschnitt thematisiert werden. Hier handelt es sich um die Ordnung der Dinge, wie sie aus Gott als ausgedehntem Wesen, und um die Ordnung der Ideen, wie sie aus Gott als denkendem Wesen notwendig folgen.

Gott als denkendes Wesen und Gott als ausgedehntes Wesen sind Bestimmung der einen Substanz. Der Unterschied hebt die Einheit nicht auf, setzt sie vielmehr voraus. Auf andere ontologische Art wäre für Spinoza die Übereinstimmung von Gegenstand und Idee des Gegenstandes nicht zu erklären.

Spinozas Lehre von den Attributen ist also eine Identitätslehre, die die Einheit des Gegensatzes von Denken und Ausdehnung so begründet, dass sie Körperwelt und Ideenreich hinsichtlich der einen Substanz identisch setzt, ohne dabei die relative Selbständigkeit beider zu negieren. Werden doch die Attribute der Substanz nicht nur als unendliche in ihrer Art verstanden, sondern auch so, dass sie nur durch sich selbst zu begreifen sind. Eine Idee wird immer nur durch eine andere Idee begrenzt, ein Körper immer nur durch einen Körper.

Wie bereits gesagt wurde, bestand ein Ziel von Spinoza darin, die Einheit des Geistes mit der gesamten Natur zu erfassen. Mit seiner Lehre von der Substanz, ihren Attributen und Modi sollte dieses Ziel erreicht werden.

Um die Spezifik von Spinozas Identitätsphilosophie hervorzuheben, sei sie mit anderen Konzeptionen konfrontiert. Spinozas Lehre von der Substanz, den Attributen und Modi ist gegen theologische Konzeptionen gerichtet, die Gott und die Natur auseinanderreißen, Gott nicht als immanente, sondern als transzendente Ursache fassen. Hinzu kommt, dass die Ratschlüsse dieses transzendenten Wesens als unerforschlich gelten. Die Schöpfung aus dem Nichts gilt als Resultat eines freien Willensentscheids Gottes. Die Natur könnte demzufolge ebenso gut nicht sein. Was aber ist und ebenso nicht sein könnte, ist zufällig. Ist die Natur zufällig, dann auch ihre Teile, also auch wir. Sind für den Menschen Gott und sein Wirken unerklärlich, stehen wir blind in der Hand Gottes, dann ist Ergebenheit, Warten auf Gnade das Resultat. Wahres Gut ist auf diese Weise nicht zu erlangen. Spinoza wendet sich gegen derartige Fatalität. Es mag in den abstrakt scheinenden Definitionen nicht leicht zu erkennen sein, aber sie enthalten schon die Intention, erkenntnisloses Leiden zu überwinden, aktives Erkennen zu fordern und zu realisieren.

Die Differenzen zwischen der Identitätsphilosophie Spinozas und der platonischen Ideenlehre und dem cartesianischen Dualismus sind bereits skizziert worden.

Was die Philosophie seines englischen Zeitgenossen John Locke betrifft, so steht Spinoza der Sache nach im direkten Gegensatz zu ihr. Schon die Grundintentionen beider Denker sind entgegengesetzte.[9] Während Spinoza, wie zu zeigen versucht wurde, gegenüber gegebenen Lebensformen eine kritische Haltung einnimmt, ein wahres Gut sucht und eine neue Lebensform theoretisch begründet, apologisiert Locke die Lebensformen, wie sie gegeben bzw. mit der bürgerlichen Gesellschaft entstanden waren. Spinoza sucht die theologische Begründung der gegebenen Lebensformen zu überwinden, wohingegen

Locke keine Anti-Theologie entwickelt. Er lässt die Kirche im Dorf und konzentriert sich auf empirische Gegebenheiten. Gegeben aber sind das Individuum und die Dinge, die auf dieses einwirken. Die menschliche Seele erscheint als Tafel, auf der die Dinge ihre Konturen eindrücken. Sinnliche Wahrnehmung ist Erfahrung. Aus Erfahrung stammt unser Wissen.

Der scharfsinnige Leibniz bemerkt hierzu, dass es wohl richtig sei, dass nichts im Verstand ist, was nicht vorher in den Sinnen war, mit einer einzigen Ausnahme, der Verstand selbst. Aus der Tätigkeit des Verstandes, der die Idee als Ausdruck von Sinnesdaten verknüpft, entsteht allgemeines und notwendiges Wissen, während die Sinnesdaten selbst immer durch Einzelheit und Zufälligkeit charakterisiert sind.

Spinoza hätte den leibnizschen Einwand gegen Locke wohl unterschrieben. Mehr noch: Wie die Ordnung der ausgedehnten Natur durch den menschlichen Verstand erkennbar ist, weil sie aus der Natur der Substanz notwendig folgt, so ist die denkende Natur für den menschlichen Verstand erkennbar, weil sie aus der Natur der Substanz notwendig folgt.

Kant hat das Vermögen des Verstandes, Ideen von wahrgenommenen Dingen zu verknüpfen, durch apriorische Verstandesformen zu erklären versucht. Er hat aber die Ursachen dieser Wirkungsweise nicht angegeben; denn die Ableitung der Verstandesformen aus den Urteilsformen ist ja keine Erklärung. Spinozas Lehre von den Attributen dagegen ist die ontologische Grundlegung seiner Erkenntnistheorie.

In der Philosophie des Marxismus wird Denken vornehmlich als historisches Produkt gefasst, als Resultat der natürlichen Evolution und der Lebenstätigkeit der Menschen. Das scheint der Auffassung Spinozas, wonach Denken ein ewiges und unendliches Attribut der Substanz ist, entgegengesetzt zu sein. Trotzdem scheinen mir beide Vorstellungen nicht unvereinbar zu sein. Dann nämlich, wenn die zuerst charakterisierte Auffassung auf die modushafte Natur bezogen wird. Das Denken des menschlichen Verstandes, das der geschaffenen Natur gehört, hat auch für Spinoza durchaus sein Entstehen, seine Entwicklung und sein Vergehen. Nur denkt Spinoza bei der Grundlegung seines Systems sub specie aeternitatis. Wird dazu Unendlichkeit in renaissancehafter Weise, also als das unendlich Schöpferische gedacht, dann kann das Ideelle nicht nur in der Endlichkeit gedacht werden. Das bezeugte wohl auch Friedrich Engels in einem Gespräch, das er mit Plechanow über Spinoza führte.[10] Eben derselbe Engels, für den die Geschichte sein »Ein und Alles« war.

unter dem Gesichtspunkt der Ewigkeit

5. Inadäquate und adäquate Ideen

Die Überzeugung, dass Ordnung in der Welt herrsche, dass ihre Erkenntnis in der Erkenntnis der Naturgesetze gegeben sei, war eine Voraussetzung der Philosophie Spinozas wie der Metaphysik des 17. Jahrhunderts überhaupt. Ihre festen Grundlagen hatte diese Überzeugung in den Ergebnissen der mathematischen und mechanischen Wissenschaften, wie sie seit der antiaristotelischen Wende in der Renaissance erzielt worden waren. Protagonist der neuen wissenschaftlichen Denkweise war Galilei. In dem Prozess, den die katholische Kirche gegen ihn anstrengte, ging es nicht nur um Astronomie; es ging im Kern um eine Denkweise, deren Resultate in zunehmendem Maße in Widerspruch zu den Glaubenswahrheiten gerieten. Die berühmte Lehre von den zwei Wahrheiten, der noch Francis Bacon anhing, versuchte dem Konflikt dadurch beizukommen, dass sie Philosophie und Wissenschaft scharf von der Theologie abtrennte und Glaubenswahrheit und wissenschaftliche Wahrheit gleichberechtigt koexistierend bestehen ließ.

Spinoza steht in der Tradition, die Philosophie und Wissenschaft von der Theologie trennt; er setzt sie allerdings in radikaler Weise fort. Dadurch nämlich, dass er die Existenz zweier Erkenntnisweisen leugnet und auf die eine, der Vernunft entsprechende Erkenntnisweise setzt. In der Erkenntnis der Naturordnung sieht er selber den wahren Gottesdienst.

Wenn angenommen wird, dass insofern Ordnung in der Natur herrscht, als Naturgesetze absolut gelten, wie ist dann zu erklären, dass in der Menschenwelt, die ja Teil dieser Ordnung ist, vieles als nicht »in Ordnung« erscheint?

Wenn man davon ausgeht, dass die Ordnung und Verknüpfung der Ideen dieselbe ist wie die Ordnung und Verknüpfung der Dinge, wie kommt es dann, dass im menschlichen Verstand die Verknüpfungen der Ideen in Widerspruch zur Ordnung der Dinge geraten? Anders formuliert: Worin liegen die Ursachen, die falsches Bewusstsein bewirken? Wie ist Irrtum möglich? Da der Irrtum mit Leiden verbunden ist, war dies für Spinoza keineswegs nur eine rein erkenntnistheoretische Frage.

Diese Frage war nur von der Natur des Menschen her zu beantworten, die – wohlgemerkt – selber als Teil der Gesamtnatur deren Gesetzen unterliegt. Zu transzendenten Ursachen, wie etwa Erbsünde oder Verführung durch den Teufel usw., konnte selbstverständlich keine Zuflucht genommen werden.

Aus der Lehre über die Substanz, die Attribute und Modi folgte, dass der Mensch ein Modus der Substanz ist, also endlich, durch anderes bewirkt und seiend. Als Modus des Attributs Ausdehnung ist er Körper, als Modus des Attributs Denken ist er Seele. Aber er stellt ein und dasselbe Wesen dar. Er gehört nicht zwei entgegengesetzten Substanzen an, er ist nicht Bürger zweier Welten, so wie seine Seele kein mit Leidenschaften vollgepfropfter Sack ist. Über diejenigen, die gar nach einem Ort der Seele suchen, hat sich Spinoza nur lustig gemacht. Die Seele ist die Seele des Körpers und der Körper der Körper der Seele.

Was das Sein der Seele also wirklich bestimmt, ist die Idee des Körpers. Von allem, was mit dem Körper als Objekt der Idee, die die menschliche Seele ausmacht, geschieht, hat auch die Seele die entsprechenden Ideen; und sie hat die Idee des Körpers nur insofern, als sie die Ideen der Affektionen desselben hat. Die Fähigkeit der Seele wahrzunehmen, ist daher umso größer, wenn auf mehrere Arten auf ihren Körper eingewirkt wird. Die menschliche Seele erkennt ihren eigenen Körper, ferner die auf diesen einwirkenden äußeren Körper und schließlich sich selber nur dadurch, dass sie die Ideen von den Affektionen des Körpers wahrnimmt.

Diese Wahrnehmungen schließen nun aber für Spinoza keine adäquate Erkenntnis ein und zwar deshalb nicht, weil aus den Ideen der Affektionen des Körpers, die nur auf die Seele (Modus!) bezogen bleiben, weder auf die wahre Natur des affizierten noch auf die des affizierenden Körpers geschlossen werden kann. »Ich sage ausdrücklich, der Geist hat weder von sich selbst noch von seinem Körper, noch von den äußern Körpern eine adäquate, sondern nur eine verworrene Erkenntnis, sooft er die Dinge nach der gewöhnlichen Ordnung der Natur erfasst, d.h., sooft er äußerlich, nämlich wie ihm die Dinge zufällig aufstoßen, bestimmt wird, dies oder jenes zu betrachten.« (Eth. II, Lehrsatz 29)

Die Idee des Verhältnisses zweier oder mehrerer Modi untereinander muss immer verworren bleiben, solange man sich nur auf die Modi beschränkt. Anders ausgedrückt: Die Erkenntnis der Teile eines Ganzen und der Beziehungen der Teile untereinander muss immer inadäquat bleiben, solange die Teile und das Verhältnis der Teile zueinander nicht auf das Ganze bezogen werden.

Prototypen falschen Bewusstseins sind für Spinoza Anthropomorphismus, die damit verbundene Teleologie und jene Auffassung, der zufolge der menschliche Wille als absolut freier gilt.

Unter Anthropomorphismus ist eine Denkweise zu verstehen, die den Menschen in den Mittelpunkt stellt und alles Übrige auf diesen Modus bezieht, in Relationen zwischen den Modi befangen bleibt. Selbstverständlich fasst auch Spinoza den Menschen als das für ihn wichtigste Wesen, insofern es um seine

Selbsterhaltung und Glückseligkeit geht. Aber gerade darum darf er sich nicht zum Maß aller Dinge machen, genau deshalb muss er sich als Teil der Natur verstehen, ohne die er nicht sein kann, die aber wohl auf ihn verzichten kann.

Die anthropomorphe Denkweise produziert insofern eine inadäquate Idee von Gott, als sie ein Bild vom unendlichen Wesen zeichnet, das dem Selbstbild der Menschen entspricht. Das ist überall dort der Fall, wo Gott menschliche Eigenschaften zugeschrieben werden, wo Gott als König, Herr und Hirt, als gnädiger und strafender Richter oder als liebender Vater vorgestellt wird. Die Menschen schaffen sich Gott nach ihrem Bilde, nicht umgekehrt. Dieser Gedanke von Ludwig Feuerbach ist bei Spinoza angelegt. Sein Gottesbegriff kann ja durchaus als Überwindung der anthropomorphen, also inadäquaten Idee von Gott verstanden werden.

Wenn Gott in anthropomorpher Weise vorgestellt wird, dann auch sein Wirken. Da die menschliche Tätigkeit als zweckmäßige erscheint, muss auch Gottes Wirken von gesetzten Zwecken bestimmt sein. Von hier aus gewinnt dann die Zweckmäßigkeit über die Kausalität, die Teleologie über die Wissenschaft die Oberhand.

Schließlich: Den Menschen scheint es so, als ob ihr Wille absolut frei sei. Sie können doch entscheiden, dieses zu tun und jenes zu unterlassen. Diese Willensfreiheit, die mehr Willkür ist, übertragen sie auf Gott. Es ist hier in Erinnerung zu rufen, wie Spinoza die Freiheit und die Notwendigkeit Gottes bestimmt hat. Was aber die menschliche Willensfreiheit betrifft, so beschreibt Spinoza sie in folgender Weise:

»Die Menschen täuschen sich darin, dass sie glauben, sie seien frei. Diese Meinung besteht bloß darin, dass sie ihrer Handlungen sich bewusst sind, die Ursachen aber, von welchen sie bestimmt werden, nicht kennen. Das also ist die Idee ihrer Freiheit, dass sie keine Ursache ihrer Handlungen kennen. Denn wenn sie sagen, die menschlichen Handlungen hängen vom Willen ab, so sind das Worte, von welchen sie keine Idee haben. Was der Wille ist und wie er den Körper bewegt, wissen sie ja alle nicht, und diejenigen, welche sich brüsten, es zu wissen, und einen Sitz und Aufenthalt der Seele aushecken, erregen damit nur Lachen oder Verdruss.« (Eth. II, Lehrsatz 35, Anmerkung)

Die Quelle des Irrtums liegt in der Erkenntnis erster Gattung: in der Meinung oder Vorstellung. (Eth. II, Lehrsatz 41) Die Erkenntnis erster Gattung ist diejenige, die die beiden ersten Erkenntnisweisen, wie sie im Zusammenhang mit den Betrachtungen über die Methode beschrieben wurden, zusammenfasst.

Nun enthalten aber unsere Vorstellungen, wenn sie an und für sich betrachtet werden, keinen Irrtum. In dem, was er vorstellt, irrt unser Geist nicht. Er irrt nur dann, wenn er keine Idee davon hat, welche die Existenz jener Dinge ausschließt, die er sich als gegenwärtig vorstellt. Die sinnliche Vorstellung von der Größe des Mondes ist noch kein Irrtum. Irrig wird die Vorstellung dann, wenn es an der Idee mangelt, die die tatsächliche Größe des Mondes ausdrückt. Die sinnliche Vorstellung einer Menschengestalt ist kein Irrtum; zu einem solchen wird sie erst, wenn Gott in Menschengestalt vorgestellt wird, weil es dann an einer Idee Gottes mangelt, die seine Existenz als Menschengestalt ausschließt.

Spinoza-Interpretationen, die von einem abstrakten Gegensatz von Empirismus und Rationalismus ausgehen, schließen aus Lehrsatz 41, dass hier empirisches Wissen diskreditiert wird. Davon ist aber bei Spinoza nicht die Rede. Dass sinnliche Vorstellungsweisen aus der Natur des Menschen resultieren, steht für Spinoza fest. Es ist dies auch kein Fehler der menschlichen Natur. Mir scheint vielmehr, dass Spinoza den Mangel an Ideen akzentuiert. Der Irrtum steht nicht außerhalb der Erkenntnis; er ist ein *Mangel an Erkenntnis*, der inadäquate Ideen einschließt. (Eth. II, Lehrsatz 35)

Der Mangel an Erkenntnis ist nur durch das Erkennen selber zu überwinden. Gewissheit über ein Ding kann nur haben, wer es vorher erkannt hat. Eine wahre Idee zu haben heiße nichts anderes, als ein Ding vollständig zu begreifen. Erst wenn es vollständig begriffen ist, wird auch der Irrtum offenbar. Daher Spinozas großartiges Gleichnis: »Wahrlich, so wie das Licht sich selbst und die Finsternis offenbart, so ist auch die Wahrheit die Norm ihrer selbst und des Falschen.« (Eth. II, Lehrsatz 43, Anmerkung)

Hatte Spinoza die erste Gattung der Erkenntnis als Quelle des Irrtums benannt, so bezeichnet er die zweite Gattung, die Vernunft, und die dritte Gattung, die Intuition, als Quellen der Wahrheit. Der Unterschied zwischen Vernunft und Intuition ist im Abschnitt über die Methode angedeutet worden. Er wird im folgenden Abschnitt konkreter zutage treten. Hier gilt es festzustellen, dass beide Erkenntnisgattungen Erkenntnisse hervorbringen, die notwendig wahr sind und uns lehren, das Wahre vom Falschen zu unterscheiden. (Eth. II, Lehrsätze 41 u. 42)

Diese Erkenntnisse zeichnen sich dadurch aus, dass sie Gemeinbegriffe und adäquate Ideen über die Eigenschaften der Dinge umfassen. Im Gegensatz zu den inadäquaten Ideen, die auf Modi bezogen sind, sind adäquate Ideen solche, die sich auf die Substanz richten. Alle Ideen, sofern sie auf Gott bezogen werden, sind wahr. (Eth. II, Lehrsatz 32)

Adäquat sind Ideen dann, wenn sie nicht auf Einzelnes und Zufälliges, sondern auf Allgemeines und Notwendiges bezogen sind. Allgemeine und notwendige Erkenntnisse machen das Wesen der Wissenschaft aus. Nach Spinoza liegt es in der Natur der Vernunft, die Dinge als notwendige, nicht aber als zufällige zu betrachten. Die »ewigen, ehernen Gesetze« zu erkennen, nach denen ein jedes Ding seine Daseinskreise vollendet, ist Sache der Vernunft. Sie betrachtet die Dinge nicht nur unter dem Gesichtspunkt ihrer zeitlichen Bedingtheit, sondern sub specie aeternitatis.

Dass der menschliche Geist dazu in der Lage ist, ergibt sich aus folgendem: Sofern der menschliche Geist ein Ding als wahr erkennt, ist er ein Teil des unendlichen Verstandes Gottes. Schon daraus ist zu schließen, dass die klaren und deutlichen Ideen des menschlichen Geistes ebenso wahr sein müssen wie die Ideen Gottes.

Aus der Substanz als ausgedehntem und denkendem Wesen folgt, dass die Ordnung und Verknüpfung der ausgedehnten Dinge dieselbe ist wie die Ordnung und Verknüpfung der Ideen. Da nun die klaren und deutlichen Ideen des menschlichen Geistes dieselben sind wie die Ideen im unendlichen Verstande Gottes, so werden sie auch in genauer Übereinstimmung mit den ausgedehnten Dingen sein. Es sind also wahre Ideen, deren Kennzeichen gerade in der Übereinstimmung mit ihren Gegenständen besteht. Auf diese Weise antwortet Spinoza auf die von Descartes gestellte Frage, wie es denn komme, dass die Resultate des reinen Denkens sich in genauer Übereinstimmung mit den ausgedehnten Dingen befinden.

Spinozas Erkenntnistheorie ist ein organischer Bestandteil seines Systems und steht letztlich im Dienste seiner Grundintention. Zwar ist der Mensch als erkennendes Wesen für Spinoza von zentraler Bedeutung, aber er übersieht in keiner Weise, dass wir uns affektiv zu den Dingen verhalten. Das Verhältnis des Menschen zur Wirklichkeit reduziert sich keinesfalls auf die Relation von Erkenntnisobjekt und Erkenntnissubjekt.[11] Wir suchen die wärmende Frühlingssonne und fliehen vor der hochsommerlichen Glut nicht deswegen, weil wir objektive

Kenntnisse über dieses Gestirn besitzen, sondern weil das eine angenehme, das andere unangenehme Gefühle in uns erregt. Wer Tätigkeits- und Verhaltensweisen der Menschen beobachtet hat, wird der Auffassung von Spinoza nicht widersprechen, dass es keineswegs nur die Vernunft als Summe adäquater Ideen ist, die unser Verhalten bestimmt. Wenn die Bedingungen es zulassen, tun wir das, wozu wir Lust haben; wir unterlassen das, wenn die Bedingungen es zulassen, wozu wir keine Lust haben.

Genau dieser Umstand wird von Spinoza in seiner Affektenlehre analysiert. Wobei gleichzeitig erörtert wird, inwieweit Affekte notwendig mit inadäquaten Ideen verbunden sind.

6. Affekt und Vernunft

Dass Spinozas Lehre von den Affekten ein unabdingbarer Bestandteil seines Systems ist, wird keiner in Abrede stellen können. Ob sie darüber hinaus den Kernpunkt seiner Philosophie bezeichnet, wird erst nach ihrer Darstellung zu entscheiden sein. Spinoza jedenfalls hat ihr besondere Bedeutung zugemessen. Vor ihm habe noch keiner Natur und Kraft der Affekte und das Vermögen des Geistes, sie zu mäßigen, klar und deutlich erkannt. (Eth. III, Vorwort) Erstmals in seiner Philosophie sollte das bezeichnete Problem einer Lösung zugeführt werden.

Auf folgenden Grundsätzen beruht Spinozas Affektenlehre: Alle Affekte, sowohl die grundlegenden (Begierde, Lust und Unlust) als auch die sich aus der Verknüpfung dieser ergebenden vielfältigen anderen, gehen aus der *Notwendigkeit und Kraft der Natur* hervor. *Affekte*, unter denen Spinoza *Erregungen des Körpers und Ideen dieser Erregungen* versteht, haben in Bezug auf die Substanz keinen Sonderstatus. Sie gründen weder in der Transzendenz noch im »freien menschlichen Willen«. Als naturnotwendige gehören sie zum Wesen des Menschen. »Begierde ist des Menschen Wesen selbst, sofern es als durch irgendeine gegebene Erregung desselben zu einer Tätigkeit bestimmt begriffen wird.« (Eth. III, Def. der Affekte I) Kein menschliches Wesen ohne Affekte und ohne Affekte kein menschliches Wesen.

Im Hinblick auf die eine Natur (Deus sive Substantia) ist die Ordnung der Tätigkeiten und der Leiden unseres Körpers dieselbe wie die Ordnung der Tätigkeiten und der Leiden unseres Geistes. (Eth. III, 2. Lehrsatz, Anmerkung) Dies in Übereinstimmung und Konkretisierung jener These, wonach die Ordnung und Verknüpfung der Ideen dieselbe ist wie die Ordnung und Verknüpfung der Dinge. (Eth. II, Lehrsatz 7) Affekte stören nicht die Ordnung der Natur, sie unterliegen vielmehr ihren Gesetzen.

Affekte oder Tätigkeiten, insofern wir die *adäquate* Ursache dieser Erregung sind, bzw. Leiden, insofern wir nur die *inadäquate* oder *partielle* Ursache dieser Erregungen sind, stellen Naturereignisse dar wie alles andere auch. Sie müssen daher in gleicher Weise zum Gegenstand wissenschaftlicher Erkenntnis gemacht werden. Die Erkenntnismethode, die bei der Untersuchung der Affekte anzuwenden ist, unterscheidet sich daher prinzipiell nicht von der, die der Untersuchung von Linien und Flächen dient.

Da nun in der Natur nichts geschieht, was ihr als Fehler angerechnet werden könnte (Eth. III, Vorwort), so können auch die Affekte weder Fehler der ganzen Natur noch der menschlichen Natur sein. Der Mensch ist für Spinoza weder Gott (nur von anderen kann er dazu gemacht werden) noch Teufel, als Modus kein vollkommenes Wesen, aber auch kein Mängelwesen, keine sündige Kreatur und kein Engel. Im Hinblick auf die Substanz ließe sich sagen, dass die menschlichen Affekte zunächst und an sich betrachtet »jenseits von Gut und Böse« angesiedelt sind. Weder um Lobpreisung noch um Diskreditierung der Affekte geht es Spinoza, sondern um deren objektive Erkenntnis, die der Bewertung vorauszugehen hat. Liebe und Hass, Furcht und Selbstvertrauen, Hoffnung und Verzweiflung, Machtbegierde und Apathie sind auch für ihn Befindlichkeiten des menschlichen Körpers und Geistes. Auf die Erkenntnis dieser Affekte muss Philosophie bauen, nicht auf diese selber.

Aus der Naturnotwendigkeit der Affekte folgt weiter, dass diese nur mit dem menschlichen Leben selbst vernichtet werden können. Die Kraft der Affekte ist so stark, dass kein Verstand in absolutistischer Weise über sie zu herrschen vermag. Der Realist sieht klar und deutlich, dass im Streit zwischen Affekt und Verstand Letzterer gar oft verloren geht. Wie ein Ding das andere und eine Idee die andere begrenzt, so kann auch ein Affekt nur von einem anderen begrenzt werden. »Determinatio est negatio«, gilt auch hier. Spinoza fordert nicht die Befreiung von den Affekten, sondern die Freiheit der Affekte, die allerdings die Erkenntnis ihrer Notwendigkeit und Ordnung zur Voraussetzung hat.

Die Natur, innerhalb derer der mit Affekten besetzte Mensch lebt und handelt und deren Gesetzen er unterworfen ist, wirkt in vollkommener Ordnung. Obwohl in dieser großen Ordnung stehend, scheint nun die Menschenwelt in einem heillosen Durcheinander begriffen zu sein. Ohne die fundamentale Erfahrung, dass die menschlichen Begierden, das Streben nach Lust und das Vermeiden von Unlust derartig widersprüchlich und Gegensätze erzeugend sind, die den Menschen in die unterschiedlichsten Richtungen drängen, so dass er nicht weiß, wohin er sich eigentlich wenden soll (vgl. Eth. III, Def. der Affekte I, Erläuterung), hätte auch Spinoza nie eine Ethik geschrieben. Wie ist dieser Spannung erzeugende Gegensatz von substantieller Ordnung und partieller, also auf Modi bezogener Unordnung erklärbar? Ist hier Vermittlung möglich? Ist auf dem Tummelplatz naturnotwendiger Affekte eine Ordnung überhaupt möglich, die beständiges Glück zu garantieren vermag? Und wenn ja, in welchem Maße? Im Grunde blitzt hier das alte Theodizeeproblem auf, das Spinoza von seinem neuen Gottesbegriff ausgehend auf neue, rationalistische und naturalistische Weise aufgreift und einer Lösung zuführt.

Eine Annäherung an die spinozistische Lösung wird nur dann möglich, wenn Spinozas Affektenlehre mit seiner Erkenntnistheorie in Beziehung gesetzt wird. Er selber bringt die Affekte in folgender Weise mit den Ideen in Verbindung: »Ein Affekt, auch Leidenschaft genannt, ist eine verworrene Idee, durch welche der Geist von seinem Körper oder einem Teil desselben eine größere oder geringere Existenzkraft bejaht als vorher und durch deren Vorhandensein der Geist selbst bestimmt wird, mehr an dies als an jenes zu denken.« (Eth. III, Allgemeine Def. der Affekte)

Eine verworrene und verstümmelte oder inadäquate Idee ist dadurch charakterisiert, dass sie sich auf Modi bezieht. Ideen aber, die sich auf Gott ausrichten, sind adäquat. Beide Arten von Ideen sind gleich notwendig. Da es aber bei beiden Arten nichts Positives gibt, weshalb sie falsch heißen könnten (Eth. II, Lehrsatz 33), ist Irrtum nur ein Mangel an Erkenntnis, der den inadäquaten Ideen anhaftet.

Insofern nun Affekte von Modi erregt werden, sind die Ideen dieser Affekte inadäquat. Solange wir solchen Affekten unterworfen sind und von inadäquaten Ideen beherrscht werden, ist Leiden und Knechtschaft unausbleiblich. Irrtum, Leiden und Knechtschaft sind weder das Resultat eines Sündenfalles, noch ergeben sie sich aus der Macht äußerer Umstände; sie resultieren aus der modusartigen menschlichen Natur. Spinoza folgt hier in gewisser, wenn auch kaum bewusster Weise eher den Ansätzen der baconschen Idolenlehre als dem cartesianischen »dubito«. Descartes setzt gegen inadäquate Ideen den Zweifel, der doch aber nur ein Akt des Denkens ist. Francis Bacon dagegen leitet zumindest zwei Grundarten der Idole aus dem natürlichen Erbteil des Menschen ab.

Spinozas Nachweis von der Notwendigkeit des Irrtums (»errare humanum est«), der Leidenschaften (die eben Leiden schaffen) und der sich daraus ergebenden Knechtschaft zielt nun nicht auf die Festschreibung des irdischen Jammertals. Wie echter Philosophie überhaupt geht es ihm um Wahrheit und Freiheit. Wie aber sind diese unter der Voraussetzung der gegebenen Naturnotwendigkeiten möglich? Diese Prämissen müssen klar und deutlich erkannt sein, um nicht vorschnell abstrakte Utopien zu entwickeln, die sich bei dem Versuch, sie zu realisieren, nur zu rasch als Illusionen erweisen.

Was ist für Spinoza Vernunft, und welche Macht hat der Geist über die Affekte? Es ist zunächst erstaunlich, dass wir bei dem definitionsfreudigen Spinoza keine Definition von Vernunft im strengen Sinne finden. Vernunft nennt er die zweite Gattung der Erkenntnis, die zwischen der Vorstellung und der Intuition steht und sich auf die Bildung von Gemeinbegriffen und adäquaten Ideen beziehe. (Eth. II, Lehrsatz 40, 2. Anmerkung) Zur Natur der Vernunft rechnet er die Betrachtung der Dinge als notwendige und unter dem Aspekt der Ewigkeit. (Eth. II, Lehrsatz 44 und Zusatz II) Da nun für ihn in der ersten Gattung der Erkenntnis (Meinung oder Vorstellung) die einzige Ursache der Falschheit liegt, die Erkenntnis der zweiten und dritten Gattung aber notwendig wahr ist (Eth. II, Lehrsatz 41), könnte wohl Vernunft als Summe aller adäquaten Ideen bestimmt werden.

Eine explizite Differenzierung von Verstand und Vernunft, die in der Philosophie von Kant und Hegel ungemein wichtig ist, findet sich bei Spinoza nicht; wohl aber ist sie insofern vorgebildet, als adäquate Ideen eben dadurch ausgezeichnet sind, dass sie sich auf Gott, auf das Ganze beziehen. Das harmoniert nun ganz und gar mit dem Satz von Hegel, wonach nur das Ganze das Wahre ist.

Was die Vernunft als tätige fordert und welche Macht der Geist über die Affekte hat, beschreibt Spinoza zusammenfassend so:

»Da die Vernunft nichts verlangt, was der Natur widerstrebt, so verlangt sie folglich selbst, dass jeder sich selbst liebe, seinen Nutzen, d.h. was ihm wahrhaft nützlich ist, suche und alles, was den Menschen wahrhaft zu größerer Vollkommenheit führt, begehre; überhaupt, dass jedermann sein Sein, so gut er kann, zu erhalten strebe. Dies ist sicherlich so notwendig wahr, als dass das Ganze größer ist als sein Teil. [...] Da nun ferner die Tugend [...] nichts anderes ist, als nach den Gesetzen seiner eigenen Natur handeln, und da niemand sein Sein [...] zu erhalten sucht als nach den Gesetzen seiner eigenen Natur, so folgt daraus:

Erstens, dass die Grundlage der Tugend eben das Bestreben ist, sein eigenes Sein zu erhalten, und das Glück darin besteht, dass der Mensch sein Sein zu erhalten vermag.

Zweitens folgt, dass die Tugend um ihrer selbst willen erstrebt werden müsse und dass es nichts gibt, was vortrefflicher und uns nützlicher wäre, um dessentwillen man es erstreben müsste, als eben sie.« (Eth. IV, Lehrsatz 18, Anmerkung)

Die Macht des Geistes über die Affekte sieht Spinoza erstens in der Erkenntnis der Affekte selbst, zweitens in der Trennung des Affekts von dem Gedanken der äußeren Ursache, der eine inadäquate Idee ist. Drittens zeige sich diese Macht in der Zeit, in der die Affekte, die sich auf Dinge beziehen, die wir uns nur verworren vorstellen, von denen übertroffen werden, die sich auf Dinge beziehen, die wir adäquat erkennen. Viertens werde sie in der Zunahme der Ursachen, die Erregungen bewirken, die sich auf allgemeine Eigenschaften oder auf Gott beziehen, deutlich. Und fünftens erblickt Spinoza die Macht des Geistes in der Ordnung, nach welcher der Geist seine Affekte ordnen und miteinander verketten kann. (Vgl. Eth. V, Lehrsatz 20, Anmerkung)

Der springende Punkt der spinozistischen Auffassung vom Verhältnis von Affekt und Vernunft liegt meines Erachtens in der These, dass ein Affekt, der ein Leiden ist, aufhört, ein Leiden zu sein, sobald wir uns eine klare Idee von ihm bilden. (Eth. V, Lehrsatz 3) Es wäre aber ein grobes Missverständnis, wenn daraus geschlossen würde, dass damit Begierde, Lust und Unlust überwunden wären. Das stände nicht nur im krassen Gegensatz zu Spinozas Lehre von der Naturnotwendigkeit und Macht der Affekte, sondern brächte ihn auch in die Nähe der kritisierten Stoiker. Außerdem wäre die Folge Asketismus, den Spinoza rigoros ablehnt. Nach dem oft zitierten: »Die Glückseligkeit ist nicht der Lohn der Tugend, sondern die Tugend selbst«, was ja noch einigermaßen mit dem Stoizismus vereinbar wäre, heißt es weiter: »[...] wir freuen uns derselben [d.h. der Tugend] nicht, weil wir die Lüste einschränken, sondern umgekehrt, weil wir uns derselben erfreuen, können wir die Lüste einschränken.« (Eth. V, 42. und letzter Lehrsatz)

Die Begierden, die unser Tun bestimmen, existieren weiterhin. Sie können aber sowohl von inadäquaten als auch von adäquaten Ideen herrühren. Alle Begierden sind also nur insofern Leiden, als sie aus inadäquaten Ideen entspringen; sie müssen aber zu Tugenden, die eben menschliche Vermögen sind, gerechnet werden, wenn sie von adäquaten Ideen hervorgerufen werden. Spinoza verweist ausdrücklich darauf, dass »es ein und dasselbe Verlangen ist, wegen dessen der Mensch sowohl tätig und leidend heißt« (Eth. V, Lehrsatz 4, Anmerkung).

Eben deshalb könnte der dritte Lehrsatz vielleicht so formuliert werden: Sobald wir uns eine deutliche Idee von einem Affekt, der ein Leiden ist, bilden, wird dieser als Leiden aufgehoben. Aufheben hier im Sinne von Hegel, der allerdings kein produktives Verhältnis zur Affektenlehre Spinozas zu finden vermochte. Hätte er es gefunden, wäre seine Kritik, wonach in der spinozistischen Substanz die Subjektivität untergegangen, nicht aber erhalten geblieben sei, sicherlich anders ausgefallen.[12]

In der Analyse dessen, was Spinoza über den Affekt Liebe zu sagen hat, lässt sich möglicherweise das Verhältnis von Affekt und Vernunft konkret fassbar machen. Es zeichnen sich klar folgende Ebenen ab, auf denen Spinoza über Liebe spricht: Auf der ersten, dem III. Teil der *Ethik* entsprechenden Ebene erscheint Liebe nicht als »Himmelsmacht«, sondern nüchtern als Macht der Natur. Liebe wird zwar nicht ohne die Idee dieses Affekts betrachtet, wohl aber ohne die Differenzierung von inadäquaten und adäquaten Ideen und Ursachen. Da diese Differenzierung und ihre erheblichen Folgen hier zunächst ausgeklammert bleiben, erscheint Liebe »wertfrei«. »Liebe ist Lust, die mit der Idee einer äußeren Ursache verbunden ist.« (Eth. III, Def. der Affekte VI)

Der Wille, sich mit dem geliebten Gegenstand zu verbinden, ist für Spinoza nicht das Wesen, sondern eine Eigenschaft der Liebe, wobei unter Wille hier nichts anderes verstanden wird als die Befriedigung, die den Liebenden bei der Gegenwart des geliebten Gegenstandes erfüllt und die Lust des Liebenden verstärkt. (Eth. III, Def. der Affekt VI, Erläuterung)

In gleicher Weise wird die Selbstliebe gefasst, die sich ja notwendig aus dem »esse est conservare« ergibt. Preisgabe der Selbstliebe ist wider die Natur. Selbstliebe an sich ist keineswegs die Grundlage aller Untugenden; sie ist im Gegenteil eine Grundlage der Tugend, die nichts anderes als das menschliche Vermögen ist. »Absolut aus Tugend handeln ist nichts anderes als in uns, als nach der Leitung der Vernunft handeln, leben, sein Sein erhalten (diese drei Ausdrücke bezeichnen dasselbe) aus dem Grunde, dass man den eigenen Nutzen sucht.« (Eth. IV, Lehrsatz 24)

Die Stellung der Vernunft zu den Affekten Liebe- und Selbstliebe an sich ist hier eindeutig positiv, da sie alles, was von Natur ist, akzeptieren muss und nichts fordern darf, was ihr zuwiderläuft.

Daraus folgt nun für Spinoza – im Unterschied zu manchem Aufklärer des 18. Jahrhunderts – keineswegs, dass das Natürliche mit dem Guten und Vollkommenen gleichgesetzt werden kann.[13] Die Natürlichkeit des Affektes Liebe sagt noch nichts darüber aus, ob wir durch ihn »himmelhoch jauchzend« oder »zu Tode betrübt« werden, ob wir durch ihn Glückseligkeit oder Verzweiflung erlangen, ob Liebe uns befreit oder ob sie uns gefangen, also in Knechtschaft hält. Diese Spannung war, ist und bleibt wohl ein legitimer Gegenstand der Kunst. Vielleicht liegt auch hierin ein Grund, warum große Künstler in Spinoza, der doch kaum Ansätze einer großen Ästhetik entwickelt hat, eine verwandte Seele sehen.

Diese Frage wird auf einer zweiten Ebene behandelt, die dem IV. Teil der *Ethik* entspricht, der von der Macht der Affekte handelt, die unsere Unfreiheit bewirkt. Diese Unfreiheit manifestiert sich in unserer Ohnmacht, unsere Affekte im Zaume zu halten.

Der Ausgangspunkt ist für Spinoza hierbei die Differenzierung des Begriffs Vollkommenheit und seine Auffassung des Guten.

Im Hinblick auf die Substanz ist Vollkommenheit mit der Realität identisch. (Eth. II, Def. 6) In Bezug auf Individuen und Gattungen aber sind Vollkommenheit und Unvollkommenheit Resultate des Vergleichs, nur Formen unseres Denkens, die nichts Positives in den Dingen bezeichnen. (Eth. IV, Vorwort)

Unter dem Guten versteht Spinoza dasjenige, »[...] wovon wir gewiss wissen, dass es ein Mittel ist, uns dem Muster der menschlichen Natur, das wir uns aufstellen, mehr und mehr zu nähern. Unter *schlecht* dagegen das, wovon wir gewiss wissen, dass es uns hindert, diesem Muster ähnlich zu sein.« (Eth. IV, Vorwort)

Fundamentale Ursachen dafür, dass der Mensch als naturnotwendigen Affekten unterworfenes Wesen selbst dann dem Schlechten folgt, wenn er das Gute sieht, sieht Spinoza in Folgendem: Die Natur als Ganzes kann ohne den Menschen sein, der Mensch aber niemals ohne die Natur. Der Mensch ist ein *Teil der Natur*, der für sich allein weder existieren noch begriffen werden kann, dessen physische und geistige Kraft beschränkt sind und dessen Vermögen die Kraft der äußeren Ursachen niemals zu übertreffen vermag. Deshalb entsteht im Menschen immer etwas, wovon er nur die partielle, also inadäquate Ursache ist, sein Tun kann also nicht nur aus den Gesetzen seiner eigenen Natur abgeleitet werden.

Aus dem beschränkten Vermögen des Menschen folgt weiter, dass seine Ideen über die äußeren Gegenstände und über die durch sie bewirkten Erregungen seines Körpers notwendig auf Modi beschränkt, daher inadäquat sind. Affekte und inadäquate Ideen, Leiden und Irrtum gehen immer Hand in Hand. Der leidende und irrende Mensch ist für Spinoza nicht der tugendhafte, denn Tugend ist die »[...] eigentliche Natur des Menschen, sofern er die *Macht* hat, etwas zu bewirken, was durch die bloßen Gesetze seiner eigenen Natur begriffen werden kann.« (Eth. IV, Def. 8)

Um wieder auf die Liebe zurückzukommen: Von diesen Voraussetzungen her wird erklärbar, warum der Liebende immer auch ein Leidender und Irrender ist. Keine Liebe ohne Leiden; und dass »Liebe blind macht«, sagt schon das Sprichwort.

Die Haltung der Vernunft ist hier dadurch charakterisiert, dass sie die Naturnotwendigkeit von Leiden und Irrtum erkennt, selber adäquate Ideen von der Notwendigkeit inadäquater bildet.

Da der Mensch das Vermögen besitzt, von seinen Körpererregungen klare Begriffe zu bilden (vgl. Eth. V, Lehrsatz 2), da seine Vernunft die Dinge als notwendige zu erkennen vermag, ist er in der Lage, Macht über die Affekte zu gewinnen, den Irrtum zu überwinden und das Leiden zu verringern. (Vgl. Eth. V, Lehrsatz 6)

Damit ist eine dritte Ebene erreicht, auf der die Macht der Vernunft über die Affekte behandelt wird. Hier nun ist die Frage zu entscheiden, ob und in welchen Grenzen die Liebe als aus der Macht der Natur entspringend und als naturnotwendig mit Irrtum und Leiden behaftet durch Vernunft aufhebbar ist. Da Spinoza der Vernunft als dem Bilden und Anwenden adäquater Ideen ein solches Vermögen zuschreibt, fordert er: »Darauf hauptsächlich muss [...] unser Bemühen gerichtet sein, dass wir jeden Affekt soviel als möglich klar und deutlich erkennen, damit so der Geist von dem Affekt aus zum Denken dessen bestimmt werde, was er klar und deutlich erfasst und worin er sich vollständig beruhigt.

[...] Die Folge wird hiervon sein, dass nicht bloß die Liebe, der Hass usw. vernichtet werden [...], sondern auch, dass das Verlangen oder die Begierde, welche gewöhnlich aus einem solchen Affekt entspringen, kein Übermaß haben können [...].« (Eth. V, Lehrsatz 4, Anmerkung)

Dass die Liebe absolut vernichtet werde, fordert Spinoza nicht; vielmehr geht es um die Überwindung jener Affekte, die uns in den Irrtum führen, die Leiden schaffen und uns in Knechtschaft halten. Möglich wird diese Überwindung dann, wenn Vernunft den Affekt von der äußeren Ursache trennt. Liebe war ja bestimmt worden als Lust, verbunden mit der Idee einer äußeren Ursache. Wird die äußere Ursache aufgehoben, dann auch die Liebe. (Vgl. Eth. V, Lehrsatz 2, Beweis) Die Macht der Vernunft scheint darin zu bestehen, dass sie Affekt und äußere Ursache zu trennen vermag. Ist Spinoza nicht hier auf jene stoische und cartesianische Position zurückgekommen, der zufolge die Macht der Vernunft über die Affekte triumphiert und die von ihm ausdrücklich der Kritik unterworfen wurde? Und gilt hier nicht die These, wonach ein Affekt nur durch einen anderen Affekt begrenzt werden kann?

Spinoza unterscheidet sich von den Stoikern und hält seiner These die Treue, dadurch nämlich, dass er zwischen den Affekten, die von äußeren Ursachen bewirkt werden, und denen, die aus der Vernunfttätigkeit selber entspringen, unterscheidet. Das Erkennen der Affekte ist selber nicht affektfrei. Aus der Tätigkeit der Vernunft resultiert die Liebe zu ihr selber, zur Erkenntnis, zur Weisheit, also zur Philosophie. Nicht die Vernunft, sondern die aus ihr entspringenden Affekte vermögen Affekte, die von äußeren Ursachen herrühren, zu begrenzen. Mehr noch: Die aus der Vernunft entspringenden Affekte sind in Bezug auf die Zeit stärker als diejenigen, die sich hier und jetzt auf Einzeldinge beziehen. (Vgl. Eth. V, Lehrsatz 7)

Aus der Stärke dieses Affekts, nicht nur aus der Macht der Vernunft, schöpft Spinoza seine Gewissheit, dass die naturnotwendige partielle Liebe zu den Einzeldingen und die einseitige Selbstliebe überwindbar sind, dass Knechtschaft unter die Affekte und unter die sie bewirkenden Einzeldinge aufhebbar ist. Die aus der Vernunft als der Summe der adäquaten Ideen entstandenen Affekte bewirken Tätigkeit ohne Leiden und Irrtum, Tätigkeit, die aus der Natur des Menschen und in Übereinstimmung mit ihr erfolgt. Solche Art von Tätigkeit ist frei. Freiheit ist nicht nur Tätigsein gemäß der Einsicht in das Notwendige[14], Freiheit ist auch Liebe zur Erkenntnis des Notwendigen.

Spinozas Gedankengang, der anhand des Affektes Liebe zu rekonstruieren versucht wurde, ist noch nicht abgeschlossen. Amor Dei intellectualis wurde noch nicht berührt. Bevor dazu übergegangen wird, seien noch Überlegungen angestellt, die dem Verständnis spinozistischen Denkens dienlich sein könnten.

Was bisher über den Affekt Liebe gesagt wurde, könnte auch an anderen Affekten, namentlich am Korrelat der Liebe, dem Hass, demonstriert werden. Liebe war als Lust bestimmt worden, die mit der Idee einer äußeren Ursache verbunden ist. Hass definiert Spinoza entsprechend als Unlust, die mit einer äußeren Ursache im Zusammenhang steht. (Eth. III, Def. der Affekte VII) Da nun der Hass wie die Liebe aus der Kraft und Notwendigkeit der Natur entspringt, ist er nicht auszurotten, und es ist schwierig, ihn zu mäßigen.

Dass Spinoza im Übermaße Erfahrungen mit Gehässigen gemacht hat, ist gezeigt worden. Was ihn besonders bewegt hat, war der Widerspruch zwischen Wort und Tat. In Worten wurde ein Bekenntnis zur Nächstenliebe abgelegt, in der Tat wurden Köpfe blutig geschlagen. Wer denen, die unter der Knechtschaft des Hasses stehen, Vernunft und Moral predigt, wird bald die Wirkungslosigkeit seines Tuns einsehen müssen. Die Geschichte des Christentums ist hierfür ein beredtes Beispiel. Aus der Stärke dieses Affektes erklärt sich, warum alle Versuche, ihn in gesellschaftlichen Maßstäben zu überwinden, gescheitert sind. Da nun der Affekt Hass selber stark von inadäquaten Ideen besetzt ist – nicht ohne Grund wird gesagt, dass nicht nur die Liebe, sondern auch der Hass blind macht –, verhindert er seine Erkenntnis. Deshalb gelingt es nur wenigen, ihn zu mäßigen.

Wer die Augen offenhält, wird sehen, dass Spinozas Auffassung von gegenwärtiger Erfahrung bestätigt wird. Wie für unsere Zeit geschrieben, mutet der folgende Passus an: Aus der modushaften Natur des Menschen folgt, dass das Individuum notwendig der inadäquaten Auffassung anhängt, seine Lebensweise sei die rechte. Es verlangt daher seiner Natur gemäß, dass andere Individuen in seinem Sinne leben sollen. Wenn aber alle, die verschiedene Lebensweisen praktizieren, »[...] dieses gleichermaßen verlangen, so sind sich alle einander gleich hinderlich, und während alle von allen gelobt und geliebt werden wollen, werden sie sich gegenseitig hassen.« (Eth. III, Lehrsatz 31)

Es hat selbstverständlich nichts mit einer Apologie des Hasses zu tun, wenn Spinoza diesen Affekt mit der Natur des Menschen in Verbindung bringt. Im Gegenteil: Die Stärke dieses Affektes muss erkannt sein, wenn er gemäßigt werden soll. Die mit dem Hass unvermeidlich verbundenen inadäquaten Ideen müssen als solche begriffen und von adäquaten Ideen zurückgedrängt werden.

Dass Ideologien als Ausdruck partieller Interessen wie Rassismus, Nationalismus, Antisemitismus Hass zu schüren vermögen, steht ganz außer Frage. Das Aufhetzen bliebe allerdings wirkungslos, wenn nicht »Material« bereitläge, das zur Entzündung gebracht werden kann.

Abstrakte moralische Appelle richten gegen den Hass wenig aus, wie die Erfahrung ja zeigt. Der Affekt Hass kann nur durch andere Affekte begrenzt werden. Er wird vornehmlich durch Affekte eingeschränkt, die aus der Tätigkeit der Vernunft entspringen. Die Vernunfttätigkeit evoziert keinen Hass, wohl aber intellektuelle Liebe, die nicht in ihr Gegenteil umzuschlagen vermag.

7. Spinoza und das Entfremdungsproblem

Die Analyse der Affekte und der mit ihnen verbundenen inadäquaten Ideen, wie sie Spinoza im dritten Buch der *Ethik* vornimmt, ist um größtmögliche Objektivität bemüht. Wie der Naturforscher seine Gegenstände, so untersucht Spinoza die menschliche Natur. Subjektive Wertungen sind hier nicht am Platze. Trotzdem gerinnt die objektive Betrachtungsweise nicht zur objektivistischen, die außer positiver Erkenntnis keinerlei Intentionen kennt.

Spinozas Interesse kann in Analogie zur Aufgabenstellung der Mediziner gesetzt werden. Die streng naturwissenschaftliche Analyse der Funktionsweisen des Körpers steht bei den Ärzten im Dienst der Aufgabe, Gesundheit zu erhalten und zu fördern, Leiden zu beseitigen oder zu vermindern. Spinozas Analyse zielt darauf ab, Affekte, die den Menschen in Knechtschaft halten, zu mäßigen und falsches Bewusstsein zu überwinden. Es ist keineswegs zufällig, dass der scharfsinnige Ehrenfried Walther von Tschirnhaus, der Spinozas Lehre zu würdigen wusste, sein Hauptwerk *Medicina mentis* nannte.

Wenn Spinoza im vierten Buch seiner *Ethik* zeigt, dass der Mensch unter der Knechtschaft seiner Affekte steht, dass er von falschem Bewusstsein, das sich vornehmlich auf ihn selbst bezieht, geleitet wird, dass der Geist ohnmächtig erscheint, die Affekte zu beschränken, ist dann damit nicht ein Zustand bezeichnet, der in späteren Zeiten Entfremdung genannt wurde? Ob wir es bei Spinoza mit einer Entfremdungskonzeption zu tun haben, und wenn ja, worin deren Spezifik besteht, das ist die Aufgabe, die der folgende Exkurs zu lösen versucht.

Dass Rousseaus Zivilisationskritik, Hegels dialektische Geschichtsphilosophie, Feuerbachs Religionskritik und Marx' Kritik der politischen Ökonomie mit Reflexionen über entfremdete Seins- und Bewusstseinsstrukturen untrennbar verbunden sind, kann schlechterdings nicht in Zweifel gezogen werden.

Kann die Philosophie Spinozas in gleich selbstverständlicher Weise mit der Entfremdungsproblematik in Verbindung gebracht werden? Oder gibt es nicht Argumente, die den Gedanken nahe legen, dass eine Entfremdungstheorie Spinoza fern lag? Entspricht Letzteres nicht auch dem Faktum, dass in der älteren Literatur über Spinoza Entfremdung überhaupt nicht, in der neueren nur gelegentlich thematisiert wurde? Zu prüfen sind zunächst Einwände, die gegen eine Verbindung von spinozistischer Philosophie und Entfremdungstheorie erhoben werden können.

Alienation als philosophischer Begriff – so könnte ein erster Einwand lauten – kommt in den Schriften Spinozas nicht vor. Also kann von einer Explikation des Begriffes Entfremdung bei Spinoza keine Rede sein und erst recht nicht von einer so firmierten Entfremdungstheorie.

Wahr ist, dass im Werke des definierfreudigen Spinoza kein Satz vorkommt, der mit den Worten beginnt: Unter Entfremdung verstehe ich ...[15] Ob allerdings aus dem Fehlen des Begriffes und der Definition desselben zwingend geschlossen werden kann, dass damit Reflexionen über entfremdete Zustände ausgeschlossen sind, ist zweifelhaft. Mindestens seit Francis Bacons Idolenlehre, die ja auch nicht mit dem Entfremdungsbegriff arbeitete und trotzdem Entfremdungsphänomene aufzuhellen wusste, ist bekannt, dass ein Sachverhalt oder Gegenstand mit verschiedenen Worten bezeichnet werden kann, wie auch umgekehrt ein Wort Unterschiedliches zu bezeichnen vermag.

Bedenkenswerter sei der Einwand, dass es Spinozas Methode sei, die Erkenntnis entfremdeter Sachverhalte verhindert. Entfremdung ist dem Wortsinn nach das Fremdwerden von etwas, das vertraut war. Entfremdung als Zustand ist das Resultat eines Vorganges in der Zeit. Hieraus erklärt sich das Faktum, dass die Entfremdungsproblematik explizit von Denkern behandelt wurde, die einer historischen Denkweise verpflichtet waren.

Spinozas Weise, »sub specie aeternitatis« und »ordo geometrico« zu denken, scheint nun aber zu historischer Denkweise im ausschließenden Gegensatz zu stehen. Wenn nur historisches Denken den Blick auf Entfremdungsphänomene zu öffnen vermag, dann scheint Spinozas Methode genau diesen Blick zu verstellen.

Der Gegensatz von spinozistischer und geschichtlicher Denkweise ist jedoch keineswegs so absolut und abstrakt, wie von der herangezogenen Argumentation vorausgesetzt wird. Schon der Verweis darauf, dass Spinoza im *Tractatus theologico-politicus* wesentlich historisch-kritisch verfährt, dass er im *Tractatus intellectus emandatione* den Gedanken ausspricht, dass in der Entwicklung der menschlichen Fähigkeiten die Produkte geistiger und materieller Werkzeuge Hand in Hand gehen, bezeugt, dass Spinoza hinsichtlich menschlicher Kultur durchaus geschichtlich zu denken vermochte. Spinoza als einen ahistorischen Denker schlechthin zu behandeln ist das Resultat eines Trugschlusses.

Wenn auch die historische Dimension im Denken Spinozas nicht zu leugnen ist, so ließe sich ja immerhin noch einwenden, dass der Gegensatz von »ordo geometrico« und »ordo historico« dann im Philosophen selber liegt. Die These, wonach sich Spinozas Philosophie wie aus einem Guss darstelle, müsste hinterfragt werden. In der Tat ist ja über den Gegensatz von *Ethik* und *Theologisch-politischem Traktat* nicht wenig orakelt worden.[16]

Der Schein eines Gegensatzes innerhalb des spinozistischen Gesamtwerkes löst sich dann auf, wenn Spinozas Fassung des

Verhältnisses von Substanz und Modus herangezogen wird. Der *Theologisch-politische Traktat* hat nicht das Denken als Attribut der Substanz zum Gegenstand, sondern Vorstellungsweisen von Menschen. Modi aber sind dadurch charakterisiert, dass ihr Wesen nicht notwendig mit ihrer Existenz zusammenfällt. Wenn die ewigen und unendlichen Modi außer Betracht bleiben, dann sind Modi dem Entstehen und Vergehen unterworfen, haben also ihre Geschichte, die durch historische Denkweise zu erkennen ist. Insofern kann innerhalb spinozistischer Philosophie historisch gedacht werden; mehr noch: Es ist notwendig, historisch zu denken. Spinoza ist dieser Notwendigkeit gefolgt.

In der Tradition der Spinoza-Rezeption des deutschen Idealismus stehend, ist die von Spinoza gezeichnete Welt nicht selten als die kristallklare charakterisiert worden, in der gleichsam die Sonne immer im Zenit steht und die Dinge keine Schatten werfen. Dann können natürlich Entfremdungsphänomene nicht sichtbar werden. Jenes Bild macht ja auch nur Sinn, wenn es auf die Substanz bezogen wird. Würde es auf Spinozas Sicht der menschlichen Angelegenheiten bezogen, wäre ein gründliches Verfehlen spinozistischer Intentionen das Resultat.

Nach der Zurückweisung der Einwände, die gegen eine Verbindung von Entfremdungstheorie und spinozistischer Philosophie erhoben werden könnten, nach dem Nachweis, dass eine derartige Verbindung möglich ist, bleibt die Frage, ob und in welchen Formen Spinoza diese Möglichkeit realisiert hat.

Spinoza hat diese Möglichkeit wahrgenommen, und zwar auf fundamentale Weise. Die Kritik »falschen Bewusstseins« könnte geradezu als einer der Grundzüge spinozistischen Philosophierens charakterisiert werden. Signifikant wird dieser Zug in der durchgängigen Destruktion der Anthropozentrik, des damit verbundenen Anthropomorphismus und der Teleologie.

Diese Kritik steht im untrennbaren Zusammenhang mit der Grundintention Spinozas: die Möglichkeiten des Menschen aufzuhellen, die dieser im Rahmen einer festgefügten Naturordnung zur Beförderung seiner Freiheit und seines Glücks besitzt. Die Aufhellung menschlicher Potenzen ist Selbsterkenntnis. Selbsterkenntnis schließt ein, sich seiner eigenen Stellung in der Natur bewusst zu werden. Dieses Bewusstwerden führt zu der Einsicht, dass der Mensch Teil der Natur und als solcher ihren Gesetzen unterworfen ist. Dies vermag auch anthropozentrische Denkweise nicht zu leugnen; nur hält sie diese Einsicht und vor allem die sich daraus ergebenden Konsequenzen nicht fest, wenn sie den Menschen in den Mittelpunkt des Naturgeschehens stellt und alles auf diesen Punkt bezieht. Sie erklärt das Ganze von einem Teil her, während doch das Teil erst vom Ganzen her zu erfassen ist.

Dass der Mensch für den Menschen das wichtigste Wesen ist, leugnet Spinoza in keiner Weise. Im Gegenteil. Gerade deshalb aber muss er sich ein realistischeres Bild vom Menschen machen, als es anthropozentrische Denkweise vermag.

Spinozas Pointe ist in Bezug auf die Entfremdungsproblematik gerade darin zu sehen, dass er die Anthropozentrik nicht als zufälligen Lapsus des Individuums behandelt, sondern die Gründe dieser Denkform in der modushaften Natur des Menschen sieht. Irrtum ist Mangel an Erkenntnis; falsches Bewusstsein ist auch Mangel an Erkenntnis, aber ein solcher, den die menschliche Natur notwendig hervortreibt.

Dass sich Spinoza nicht auf die prinzipielle Kritik der Anthropozentrik beschränkt, sondern den Folgen von falschem Bewusstsein geleiteter Verhaltensweisen nachgeht, ist schon dort sichtbar geworden, wo von seinen philosophischen Haltungen die Rede war.

Wenn ein Gegensatz von Natur und Sittengesetz ausgeschlossen, Tugend als eigentliche Natur des Menschen gefasst wird, sofern er die Macht hat, etwas zu bewirken, was nur durch die Gesetze der eigenen Natur begriffen werden kann, und gleichzeitig vorausgesetzt wird, dass der Mensch als Teil der Natur immer äußeren Einflüssen unterworfen ist, wie ist dann tugendhaftes Handeln überhaupt möglich?

Das Problem spitzt sich zu, wenn der Mensch nicht nur als Teil der Natur charakterisiert wird, der weder für sich allein existieren noch begriffen werden kann, sondern auch als ein Wesen, dessen physische und geistige Kräfte beschränkt sind, die von der Macht äußerer Gegenstände übertroffen werden. Hinzukommt, dass die vom Menschen gebildeten Ideen über die äußeren Gegenstände und über die durch sie bewirkten Erregungen des menschlichen Körpers zunächst notwendig auf Modi beschränkt, also inadäquat sind.

Infolgedessen ist im Handeln des Menschen immer etwas, wovon er nur die partielle, also inadäquate Ursache ist. Inadäquate Ursachen sind aber gerade solche, aus denen nicht stringent auf die Wirkungen geschlossen werden kann.

Damit aber scheinen Irrtum, Leiden, Knechtschaft nicht aufgehoben, sondern vielmehr festgeschrieben zu sein. Sie gehören naturnotwendig zum modushaften Dasein des Menschen. Insofern nun Spinoza den irrenden, leidenden, geknechteten Menschen keineswegs als den tugendhaften fasst, scheint Tugend, die Realisierung des eigentlichen Wesens des Menschen, ausgeschlossen. Seine »Entfremdung« liegt im Menschen selbst, insofern er Teil der Natur ist.

Werden die skizzierten Gedanken Spinozas mit der Entfremdungskonzeption von Marx verglichen, dann springt ein grundlegender Unterschied sofort ins Auge. Marx legt die Ursache der Entfremdung nicht in die modushafte Natur des Menschen, sondern in historisch bestimmte gesellschaftliche Zustände, ist ihm doch das menschliche Wesen in seiner Wirklichkeit das »Ensemble der gesellschaftlichen Verhältnisse« (These 6 über Feuerbach). Dies ist die Konsequenz einer positiven Übernahme des hegelschen Historismus, dem zufolge alles Sein Gewordensein ist, und seiner generellen Metaphysikkritik, in der nicht nur die spinozistische Substanz, sondern auch der hegelsche absolute Geist aufgelöst wird. Natur- und Menschengeschichte, einschließlich der Geschichte des menschlichen Denkens, erscheinen dann als Gegenstände der Philosophie und der Wissenschaften.

Vom spinozistischen Standpunkt aus wäre nach dem, was über das Verhältnis von geometrischer und historischer Denkweise gesagt wurde, kein Einspruch gegen Resultate zu erheben, die die historische Denkweise, die mehr oder weniger Hegel und Marx verpflichtet ist, erbrachte. Vom Standpunkt der Philosophie Spinozas könnte dort ein Veto eingelegt werden, wo historische Denkweise exorbitant gemacht wird, was da der Fall zu sein scheint, wo Determinismus in absoluter Form historischer Denkweise unterworfen wird.

Dass Spinoza und Marx deterministischer Denkweise verpflichtet sind, bedarf keines Kommentars. Die aus dem Unterschied von geometrischer und historisch-materialistischer Methode erklärbare Differenz ist darin gesetzt, dass Marx' Intention vor allem auf die Erhellung jener Gesetze zielt, die Entstehung, Entwicklung, Existenz und Tod gesellschaftlicher Organismen regeln, während Spinoza auf die Erkenntnis ewiger Gesetze der Natur zielt, denen auch der Mensch als Teil der Natur unterliegt.

Marx leugnet nicht die Existenz ewiger Naturgesetze; er legt allerdings den Akzent nicht auf die Naturbestimmtheit des menschlichen Wesens, sondern auf seine gesellschaftliche Bestimmtheit, auf die historischen Modifikationen der menschlichen Natur. Mit der Philosophie Spinozas ist dies nicht unvereinbar. Spinozas Begriff des »conatus perseverandia« und Marx' Arbeitsbegriff schließen sich keineswegs aus, auch wenn Letzterer in Spinozas Anthropologie und politischer Philosophie keine dominierende Rolle spielt. Vermittlung erscheint trotzdem möglich.

Wird Spinozas Anthropologie nur vom dritten und vierten Buch der *Ethik* her interpretiert – was selbstverständlich unvollständig und daher einseitig ist –, dann erscheint der Mensch als Teil der Natur, als festgestelltes, Naturgesetzen unterworfenes, unselbständiges, durch Affekte und inadäquate Ideen in Knechtschaft gehaltenes Wesen. Wäre nur dies der Fall, dann könnte die Diskussion über das »Ende der Geschichte« mit einem Schlage beendet werden. Folgt doch aus diesen Voraussetzungen die radikalere These, dass Geschichte eigentlich nur die ewige Wiederkehr des Gleichen ist, nur die Modifikation der durch anthropologische Konstanten festgelegten Tätigkeit der Menschen, dass es also gar keine Geschichte im Sinne eines Fortschreitens im Bewusstsein der Freiheit gibt. Blickt man mit kritischen Augen auf den gegenwärtigen Zustand der Menschheit, dann gibt es allerdings Momente, in denen diese These nicht ganz abwegig erscheinen will.

Als optimistische Alternative dazu – und im Optimismus ist immer ein Schuss Utopie und leider auch ein mehr oder weniger großes Defizit an Realitätssinn – könnte der Mensch als offenes und selbständiges Wesen verstanden werden, das universelle Möglichkeiten besitzt, deren Realisierung allein von seiner Tätigkeit abhängt. Ist es seine eigene Tätigkeit, durch die der Mensch das wird, was er ist, dann erscheint er auch als Produkt seiner sozialhistorischen, kulturellen Bestimmtheit, als Produzent seiner »zweiten Natur«. Wird nun diese »zweite Natur« als das eigentliche Wesen des Menschen gefasst, dann gipfelt dieser Gedankengang in der These, dass der Mensch der Schöpfer seiner selbst ist.

Aus dieser These aber folgt, dass die Ursachen der Entfremdung des Menschen von seinem Wesen, von anderen Menschen, von seiner Gattung und von der Natur nicht in der »ersten«, sondern allein in der »zweiten Natur« liegen können.

Der zutage getretene Gegensatz scheint unüberbrückbar. Er ist es aber nur dann, wenn die beiden charakterisierten Positionen zugespitzt werden. Um die Möglichkeit einer Vermittlung beider Standpunkte zu erkunden, ist die Frage nach dem Verhältnis zu stellen, in dem »erste« und »zweite Natur« zueinander stehen. Die These, wonach der Mensch ein biologisches und ein sozial-historisches Wesen sei, verweist zwar auf eine doppelte Determiniertheit, sagt aber noch nichts über das konkrete Verhältnis dieser Determinationen zueinander.

Spinoza hat die Priorität der »ersten Natur« in eindeutiger Weise gesetzt. Dies nicht nur in dem Sinne, dass kein Modus ohne Substanz sein kann, sondern auch und vornehmlich in dem Sinne, dass die Wesenskräfte des Menschen von der Natur gesetzt sind. Als solche unterliegen sie der konstanten Naturgesetzlichkeit. Wenn David Hume davon spricht, dass die antiken Griechen und Römer von uns nur dann verstanden werden können, wenn wir gründliche Erfahrungen mit den gegenwärtigen Engländern und Franzosen gemacht haben, dann hat er damit schon die Konstanz der menschlichen Natur vorausgesetzt. In ähnlicher Weise könnte gesagt werden, dass der gegenseitige Hass zwischen antiken Griechen und Persern ganz sicher von anderen historischen Konstellationen bedingt ist als der Hass zwischen den Völkern des ehemaligen Jugoslawiens, aber der Affekt als solcher derselbe ist.

Marx dagegen setzt vornehmlich auf die »zweite Natur« des Menschen. Seine Grundintention zielt auf historische Veränderung des Menschen und seiner Welt. Sein Blick ist auf die Möglichkeiten für Veränderungen gerichtet. Diese aber zeigen sich gerade in den Notwendigkeiten des historischen Prozesses selbst. Ohne den Nachweis der möglichen und notwendigen Veränderbarkeit hängen revolutionäre Theorie und Praxis in abstrakt-voluntaristischer Luft. Das Pathos der Veränderbarkeit hat – so weit ich sehe – im literarischen Werk des völlig unpathetischen Bertolt Brecht seinen adäquaten Ausdruck gefunden, auch wenn in ihm dialektische Gegenschläge von der Art, dass Pläne ihr Scheitern in sich tragen, nicht ausbleiben.

Beim abstrakten Gegensatz von Unveränderlichkeit der menschlichen Natur und ihrer Veränderbarkeit kann nicht stehen geblieben werden. Wird die Unveränderlichkeit in abstrakter Weise postuliert, dann läuft dies letztlich immer auf eine Apologie des Bestehenden hinaus. Weder Spinoza noch Marx waren Apologeten. Wird hingegen in absoluter Weise die Veränderbarkeit der menschlichen Natur behauptet, dann kann die Illusion von der Geburt eines »neuen Menschen« oder eines »Übermenschen« die Konsequenz sein.

Eine Auflösung des Gegensatzes wäre dann möglich, wenn angegeben werden kann, innerhalb welchen Bezugssystems die Veränderbarkeit der menschlichen Natur ohne Zweifel zu konstatieren ist oder innerhalb welchen Bezugssystems die Konstanz derselben aufgewiesen werden kann.

Marx hat die menschlichen Sinne als Produkte der Weltgeschichte gefasst. Innerhalb seines Bezugssystems macht diese These durchaus Sinn. Dass sich zum Beispiel der Sinn für Kunst nur im Prozess der Kunstproduktion und -konsumtion auszubilden vermag, also das Resultat der menschlichen Tätigkeit ist, dürfte nicht zu bestreiten sein. Allerdings hebt dies nicht die

Naturgesetzlichkeit der Erregungen des menschlichen Körpers und Geistes auf, setzt sie vielmehr voraus.

8. Amor Dei intellectualis

Die Rede über Entfremdung schließt immer die Frage nach der Möglichkeit ihrer Aufhebung ein. Die Analyse der Affekte, die zum Resultat hat, dass wir unter deren Knechtschaft stehen, provoziert die Frage, ob und wie diese durch Freiheit überwindbar sind. Die Ähnlichkeit in der Fragestellung von Spinoza und Marx ist nicht zu übersehen. Die Unterschiede in ihren Antworten hängen selbstredend mit den unterschiedlichen Ansichten zusammen, die sie über die Ursachen von Knechtschaft und Entfremdung hegten. Werden diese in die »erste Natur« des Menschen gelegt, dann muss die Antwort auf die Frage nach der Möglichkeit anders ausfallen als dann, wenn sie in der »zweiten Natur« gesehen werden.

In Spinozas Schriften findet sich nichts, was dem marxschen Imperativ »[...] alle Verhältnisse umzuwerfen, in denen der Mensch ein erniedrigtes, ein geknechtetes, ein verlassenes, ein verächtliches Wesen ist«, widersprechen würde. Nur hätte er – wie aus seiner Anthropologie unschwer zu schließen ist – die Erwartung nicht geteilt, dass eine Veränderung des gesellschaftlichen Seins eine radikale Veränderung der menschlichen Natur zur Folge haben würde.

In der allgemeinen Auffassung, wonach eine Ursache von Entfremdung in partieller Aneignungsweise, die Aufhebung derselben in der Möglichkeit universeller liegt, stimmen Spinoza und Marx überein. Spinozas Theorie von der Überwindung der Knechtschaft oder seine Theorie der Freiheit zielen allerdings unter ethischen Gesichtspunkten auf das Individuum. Geistesfreiheit und Geistesstärke sind ihm Tugenden des Einzelnen.

Nehmen wir den Gedankengang Spinozas dort wieder auf, wo er am Ende des Abschnittes »Affekt und Vernunft« unterbrochen wurde. Wer sich selber als Teil der Natur und innerhalb ihres Wirkens stehend begreift, wer eingesehen hat, dass adäquate Ideen ihre Wahrheit aus dem Bezug zum Naturganzen erhalten, wer seine Affekte klar und deutlich erkennt und sie gemäß ihrer Ordnung zu ordnen und verketten vermag, dessen Geist kann bewirken, dass alle seine Affekte und Vorstellungen der Dinge auf die Idee des Naturganzen, auf die Idee Gottes bezogen werden. Dieser Bezug ist untrennbar mit der Liebe zu Gott verbunden. »Wer sich und seine Affekte klar und deutlich erkennt, liebt Gott, und umso mehr, je mehr er sich und seine Affekte erkennt.« (Eth. V, Lehrsatz 15)

Die Liebe zu Gott ist untrennbar mit unserer Gotteserkenntnis verbunden. Diese aber vollzieht sich nicht nur über die Erkenntnis unserer Affekte, sondern ebenso über die Erkenntnis der Einzeldinge. »Je mehr wir die Einzeldinge erkennen, umso mehr erkennen wir Gott.« (Eth. V, Lehrsatz 24)

Dies schließt allerdings den Übergang von der Vernunft als der Erkenntnis zweiter Gattung zur Intuition als dritter Erkenntnisgattung ein, wobei eben Letztere von der adäquaten Idee des formalen Wesens einiger Attribute Gottes zur adäquaten Erkenntnis des Wesens der Dinge fortschreitet. (Vgl. Eth. II, Lehrsatz 20, 2. Anmerkung)

Die Intuition steht bei Spinoza nicht der Vernunft gegenüber; sie vollendet sie vielmehr. Mit der Vollendung des Wissens durch den Glauben – wie von Thomas von Aquin postuliert – hat dies wenig zu tun. Spinoza setzt auf Mathematik, nicht aber auf Gnade.

Das Wesen der Dinge intuitiv zu erfassen ist ihm allerdings höchstes Streben und höchste Tugend. (Vgl. Eth. V, Lehrsatz 25) Aus der Intuition entspringt notwendig die intellektuelle Liebe zu Gott. Der Affekt Liebe war zunächst als Lust definiert worden, die mit der Idee einer äußeren Ursache verbunden ist. Nunmehr aber erscheint Liebe als Lust, verbunden mit der Idee Gottes als Ursache.

Gott als das absolut unendliche Wesen oder als Substanz wirkt nur seiner eigenen Natur entsprechend, also absolut frei. Das absolut unendliche Wesen ist daher auch frei von Leiden, frei von allen Erregungen der Lust oder Unlust. Gott vermag deshalb weder *etwas* zu lieben noch zu hassen. Folglich ist es unsinnig, wenn der Gott liebende Mensch wünscht, dass Gott ihn ebenfalls liebe. (Eth. V, Lehrsatz 12)

Das absolut unendliche Wesen liebt nicht ein Einzelding, sondern nur sich selbst in unendlicher Liebe, weil es sich seiner unendlichen Vollkommenheit erfreut. Eine Freude, die mit der Idee der »causa sui« verbunden ist. Teil dieser göttlichen Selbstliebe ist die intellektuelle Liebe des Geistes zu Gott. Die intellektuelle Liebe stellt eine Handlung dar, in der der Geist sich selbst betrachtet und diese Betrachtung mit der Idee Gottes als Ursache verbindet, mithin eine Handlung, in der Gott – sofern er durch den menschlichen Geist ausgedrückt werden kann – sich selbst betrachtet und mit der Idee der Ursache verbindet. Daraus aber folgt, dass Gott, wenn er sich selbst liebt, die Menschen liebt. Und weiter: Die Liebe Gottes zu den Menschen ist dasselbe wie die Liebe des Geistes zu Gott. (Vgl. Eth. V, Lehrsatz 36, Zusatz)

Im Hinblick auf Gedankengänge von Meister Eckhart ließe sich Spinozas Position auch so formulieren: Ohne die intellektuelle Liebe des Geistes zu Gott keine Liebe Gottes zu den Menschen und umgekehrt.

Im Aufgehen der Gottesliebe in Menschenliebe und der Menschenliebe in Gottesliebe sieht Spinoza unser Heil, unsere Glückseligkeit und Freiheit. Wie sagte doch Goethe in Bezug auf Spinoza: »Es reget sich die Menschliebe, die Liebe Gottes regt sich nun.«

9. Spinozas Stellung zur und in der Geschichte der Ethik

Nachdem die Ethik Spinozas skizziert wurde, stellt sich die Frage nach deren Platz in der Geschichte der Ethik. Diese Frage wird in zweifacher Weise zu beantworten versucht. Zunächst geht es um die Darstellung jener Gedanken, die Spinoza selbst zu historisch aufgetretenen ethischen Konzeptionen geäußert hat, wobei der Unterschied zwischen direkten und indirekten Äußerungen Beachtung finden muss. Dem schließt sich der Versuch an, den Platz zu bestimmen, den Spinozas Ethik in der Geschichte der Ethik einnimmt, die Rolle, die sie in ihr spielt. Es wird also einmal der Blick von Spinoza her auf die Geschichte der Ethik geworfen; zum anderen wird der Blick von der Geschichte der Ethik her auf Spinoza gerichtet. Sucht man im Gesamtwerk des Philosophen nach Sätzen, die sich in direkter Weise auf Ethikgeschichte beziehen, dann wird man nicht in großem Ausmaß fündig. Es gibt nur wenige derartige Passagen. Das ist bei einem Denker, der die Wahrheit als Zeichen ihrer selbst und des Falschen ansah, der es in Übereinstimmung damit nicht für seine Aufgabe hielt, Fehler anderer offenzulegen, nicht weiter verwunderlich. Dass die unser Thema tangierenden Sätze allerdings in der ordo geometrico demonstrierenden *Ethik* stehen, nicht aber im historisch verfahrenden *Theologisch-politischen Traktat* und auch nicht im sonst so aufschlussreichen Briefwechsel, ist immerhin bemerkenswert. Freilich finden sich die gesuchten Sätze nicht in Spinozas Schlussketten, sondern in den Vorworten, und zwar in denen zum dritten und fünften Buch der *Ethik*.

Spinozas Stellung zur Geschichte der Ethik ist generell negativ; nur partiell werden ihr Verdienste zugesprochen. Es ist dies eine Folge jener Selbstgewissheit Spinozas, dass erst seine Philosophie und in Sonderheit seine Affektenlehre sicheren Grund für philosophische Ethik gelegt haben. Ethik verbleibt in leerer Luft, solange sie nicht die Erkenntnis menschlicher Affekte zur Voraussetzung hat.

Insofern hat Spinoza seiner Affektenlehre grundlegende Bedeutung zugemessen. Vorher hatte Ethik keine hinreichende Basis. Daher haben viele Denker, die die Affekte und Lebensweisen der Menschen zum Gegenstand ihres Nachdenkens gemacht haben, nicht von natürlichen Dingen geredet, die den allgemeinen Naturgesetzen folgen, sondern von Dingen, die gleichsam außerhalb der Natur sind.

»Ja, sie scheinen den Menschen in der Natur wie einen Staat im Staate anzusehen. Denn sie glauben, dass der Mensch die Ordnung der Natur mehr stört als befolgt und dass er über seine Handlungen eine absolute Macht hat und von niemandem bestimmt wird als von sich selbst. Ferner suchen sie die Ursache der menschlichen Schwäche und Unbeständigkeit nicht in der gewöhnlichen Naturkraft, sondern ich weiß nicht in welchen Gebrechen der menschlichen Natur, welche sie daher beweinen, verlachen, verachten oder, was am häufigsten geschieht, verwünschen.« (Eth. III, Vorwort).

Die generell kritische Haltung Spinozas der Ethikgeschichte gegenüber ist keine nihilistische. Er gesteht, dass er der Arbeit und dem Fleiß hervorragender Männer viel zu verdanken habe, die über die rechte Lebensweise viel Wichtiges geschrieben und viele kluge Ratschläge erteilt haben. Welche Männer hier vor seinem geistigen Auge gestanden haben, ist keine leicht zu beantwortende Frage. Hier hat die Spinozaforschung noch ein weiteres Feld vor sich. Auf jeden Fall gehören die Stoiker und Descartes dazu, mit denen sich Spinoza explizit auseinander setzt. In meiner langjährigen philosophiehistorischen Arbeit habe ich die Erfahrung gemacht, dass die Nähe zweier Denker gerade die scharfe Abgrenzung voneinander bestimmt. Jedenfalls befand es Spinoza für nötig, sich von den Stoikern und Descartes ausdrücklich abzugrenzen. Über seinen Gegensatz zur aristotelisch-thomistischen Tradition dagegen verliert er kaum ein Wort.

Wenn über das Verhältnis von Spinoza zum Stoizismus nachgedacht wird, so ist zunächst zu bemerken, dass Spinozas Interesse nicht auf eine historisch-kritische Aufarbeitung der langen und variantenreichen Geschichte der Stoa zielt. Derartige Aufarbeitung beginnt erst im 19. Jahrhundert. Im 17. und noch im 18. Jahrhundert wurden stoische Gedankengänge vornehmlich aus römischen Quellen rezipiert. Nicht die Frage, ob Spinoza die Stoa richtig verstanden hat, steht hier zur Verhandlung, sondern sein Verhältnis zu Grundsätzen, die den Stoikern zugeschrieben wurden. Schon hieran wird die Leichtfertigkeit jener ersichtlich, die den Spinozismus als Neostoizismus zu interpretieren versuchen. Gewiss, eine grundlegende stoische Frage ist auch die von Spinoza: Wie ist Moral unter dem Stigma von Ananke denkbar? In der Beantwortung brechen jedoch sofort Gegensätzlichkeiten auf.

Hegel hat in der *Phänomenologie des Geistes* den Stoizismus als erste, daher abstrakte Form der Freiheit des Selbstbewusstseins bezeichnet. Die Abstraktheit besteht darin, dass hier Weltdetermination und individueller Wille unvermittelt einander gegenübergestellt werden. Das hat aber zur Voraussetzung, dass der Wille gleichsam als besondere Substanz aus der Weltordnung herausgenommen wird. Als solcher kann ihm dann Freiheit und absolute Macht zwar nicht über die Welt, aber über sich selbst zugeschrieben werden. Genau dieser Position steht Spinozas Lehre vom Willen diametral entgegen. »Es gibt im Geiste keinen absoluten oder freien Willen; sondern der Geist wird zu diesem oder jenem Wollen von einer Ursache bestimmt, welche auch wieder von einer anderen bestimmt worden ist, und diese wieder von einer andern, und so ins Unendliche.« (Eth. II, Lehrsatz 48) Unter Wille versteht Spinoza die Fähigkeit des Verstandes, zu bejahen oder zu verneinen. Denn der Wille ist wohl mit Verstand, nicht aber mit der Begierde identisch. (Vgl. Anm. zum Lehrsatz 48 und Zusatz zum 49. Lehrsatz) Da Spinoza davon ausgeht, dass wir keinen absolut freien Willen haben und keine absolute Macht über unsere Affekte, kann er schreiben:

»Die Stoiker dagegen waren der Meinung, dass die Affekte absolut von unserem Willen abhängig seien und dass wir sie absolut beherrschen können. Die damit in Widerspruch stehende Erfahrung, keineswegs aber ihre Prinzipien, nötigte sie jedoch zu dem Geständnis, dass es nicht geringer Übung und Anstrengung bedürfe, um dieselben einzuschränken und im Zaum zu halten; was jemand (wenn ich mich recht erinnere) an dem Beispiel zweier Hunde, eines Haushunds und eines Jagdhunds, zu zeigen versucht hat. Er brachte es nämlich durch fortgesetzte Übung so weit, dass der Haushund an das Jagen gewöhnt, dem Jagdhund dagegen die Verfolgung der Hasen abgewöhnt wurde.« (Eth. V, Vorwort)

Gegen die Dressur des Willens setzt Spinoza auf Erkenntnis der Affekte. Erkenntnis aber ist mit adäquaten Ideen verbunden, welche wiederum mit Tätigkeit verknüpft sind. Spinozistische Weisheit und stoische Apatheia liegen weit auseinander, weil ihre Voraussetzungen grundverschieden sind. Wenn schon nach Übereinstimmung gesucht wird, dann dürfte diese darin liegen, dass sowohl Spinoza wie die Stoiker in der Glückseligkeit nicht den Lohn der Tugend, sondern die Tugend selbst sahen. So viel oder so wenig Stoisches ist bei Spinoza zu konstatieren.

Auf gleicher Ebene liegt Spinozas Kritik an der Willenslehre Descartes'. Nur ist sie ausführlicher und – wie es scheinen will – im Ton schärfer. Spinoza setzt an der schwächsten Stelle der cartesianischen Philosophie an, an der Lehre von der Zirbeldrüse:

»Was, frage ich, versteht er denn unter Vereinigung des Geistes und des Körpers? Welchen klaren und deutlichen Begriff hat er von einem mit irgendeinem Teilchen einer Masse eng vereinigten Denken? Ich wünschte fürwahr, dass er diese Vereinigung aus ihrer nächsten Ursache erklärt hätte! Er hat aber den Geist so verschieden vom Körper aufgefasst, dass er weder von dieser Vereinigung noch vom Geiste selbst eine besondere Ursache angeben konnte, sondern selbst genötigt war, auf die Ursache des ganzen Universums, d.h. auf Gott, zurückzugehen.« (Eth. V, Vorwort)

Von dieser, Grunddifferenzen zwischen cartesianischer und spinozistischer Metaphysik andeutenden Passage geht Spinoza zu den Leidenschaften über, denen Descartes eine besondere Schrift gewidmet hatte. In dieser vertrat der große französische Denker die Auffassung, dass keine Seele zu schwach sei, um nicht bei guter Anleitung eine absolute Macht über die Leidenschaften zu gewinnen. Er leitete dies aus der Voraussetzung ab, dass zwar alle Bewegungen der Zirbeldrüse seit Beginn unseres Lebens mit entsprechenden Gedanken verbunden sind, dass sie aber dennoch infolge von Gewöhnung mit anderen verbunden werden könnten. Also auch hier mehr »Disziplinierung« des Willens als Erkenntnis der Affekte. »Alles endlich, was er [Descartes] vom Willen und seiner Freiheit behauptet, lasse ich beiseite, da ich zur Genüge gezeigt habe, dass es falsch ist.« (Eth. V, Vorwort)

Mit diesen Bemerkungen erschöpfen sich schon die direkten Stellungnahmen Spinozas zur Ethikgeschichte. Spinozas indirekte Bezüge auf die Geschichte der Ethik sind schwieriger aufzuhellen. Sie erscheinen wohl am deutlichsten in seinen Äußerungen zur christlichen Morallehre. Auf diese wollen wir uns hier beschränken.

In der Geschichte der Theologie ist Spinozas philosophische Lehre in mannigfacher, vor allem aber höchst widersprüchlicher Weise interpretiert worden. Das Spektrum reicht von der Verteufelung des Ketzerfürsten bis zu seiner Erhebung zum Weltweisen, zum Heiligen im philosophischen Kalender. Von religiöser Glut ist hier ebenso die Rede wie vom kalten Rationalismus des schrecklichen Atheisten. Dass die gegensätzlichen Interpretationen zeitgebunden sind und vom jeweiligen Standpunkt des Interpreten abhängen, steht außer Zweifel. Meine Frage ist, ob in Spinozas Lehre selber Ansatzpunkte vorhanden sind, die derartig gegensätzliche Interpretationen ermöglichen.

Auf den ersten Blick scheint dies der Fall zu sein. Stelle ich in einseitiger und unvermittelter Weise spinozistische Gedankengänge zusammen, so lässt sich leicht folgender Gegensatz konstruieren: Spinozas Gottesbegriff ist mit dem traditionellen des Christentums unvereinbar; ergo ist sein Verhältnis zum Christentum *negativ* bestimmt. Spinoza hat eindeutig davon gesprochen, dass die christliche Moral die wahre, der Vernunft entsprechende Moral sei; also ist sein Verhältnis zum Christentum *positiv*.

Dieser unsäglich abstrakte Gegensatz macht allerdings nur dann Sinn, wenn vorausgesetzt wird, dass das Christentum – ungeachtet seiner vielfältigen Formen – entweder in seiner Gesamtheit anzunehmen oder abzulehnen ist. Diese Prämisse macht Spinoza nicht. Sein Denken ist differenzierter und toleranter. Dissens muss Konsens keineswegs ausschließen.

Dass der Gottesbegriff, wie er im I. Teil der *Ethik* entwickelt wurde, mit dem Gottesbegriff der christlichen Kirchen keineswegs zusammenfällt, ist Spinoza klar. In Beantwortung einer entsprechenden Frage schreibt er:

> »Was das Erste angeht, so habe ich über Gott und Natur eine ganz andere Meinung, als jene, die von den modernen Christen gewöhnlich vertreten wird. Ich fasse nämlich Gott als die immanente und nicht als die äußere Ursache aller Dinge. Ich behaupte eben, dass alles in Gott lebt und webt, geradeso wie Paulus und vielleicht alle antiken Philosophen, wenn auch in anderer Weise, und ich darf wohl auch sagen, wie alle Hebräer, soweit man aus manchen, freilich vielfach verfälschten Traditionen schließen darf.« (E., 73. Brief)

Das Setzen der Immanenz gegen die Transzendenz Gottes hat das »Deus sive natura« zur Konsequenz.

Als Hegel den Versuch unternahm, Spinoza gegen den Vorwurf, dieser sei Atheist, zu verteidigen, meinte er, dass bei Spinoza nicht zu wenig, sondern zu viel Gott sei. In der Tat, Spinozas Gott oder die Natur ist eben nicht nur Geist.

Wird Gott als das absolut unendliche Wesen und als immanente Ursache aller Dinge begriffen, so werden alle Vorstellungen und Bestimmungen hinfällig, die Gott in ein äußeres Verhältnis zur Welt setzen. Gottes Wirken kann dann nicht mehr in Analogie zum menschlichen Schaffensprozess, der ja immer teleologische Momente einschließt, gedacht werden. Spinozas Kritik der Teleologie und in Sonderheit seine Kritik des Anthropomorphismus rüttelt zwar keineswegs am Inhalt christlicher Morallehre, wohl aber an deren Begründung. Dass Gott, um sein Wort zu verkünden, Menschengestalt angenommen habe, wird von den gemachten Voraussetzungen her mehr als uneinsichtig. Entsprechend schreibt Spinoza: »Wenn übrigens einige

Kirchen [...] behaupten, Gott habe menschliche Natur angenommen, so habe ich ausdrücklich bemerkt, dass ich nicht weiß, was sie damit sagen. Ja, offen gestanden, scheint mir, was sie sagen, geradeso unsinnig, als wenn mir jemand sagen wollte, der Kreis habe die Natur des Quadrates angenommen.« (E., 73. Brief)

In Spinozas Schriften findet sich selten ein Bezug auf Jesus. Ein umfassendes und detailliertes Bild vom Religionsstifter hat er nicht gezeichnet. Nur im *Theologisch-politischen Traktat* und in einigen Briefen ist er auf ihn zu sprechen gekommen. Von diesen Passagen und vom Geist seiner Philosophie ausgehend, kann das Verhältnis des Amsterdamer Philosophen zu Jesus so skizziert werden: Jesus war für Spinoza Sohn Gottes in der Weise, wie alle Menschen Gotteskinder oder Modi der Substanz oder Geschöpfe der Natur sind, was in völliger Übereinstimmung mit dem spinozistischen Gottesbegriff steht. Die ausgezeichnete Stellung unter den Menschen sah er darin, dass Jesus Moral lehrte und lebte. Im Unterschied zu Moses war Jesus weder Gesetzgeber noch Richter.

Die Unterscheidung von Morallehre und Gesetzgebung war für Spinoza wesentlich, ließ sich doch von dieser aus auch der krasse Widerspruch auflösen, der zwischen dem »Auge um Auge, Zahn um Zahn« und der Forderung besteht, die andere Wange hinzuhalten, wenn man auf die eine geschlagen wird. Das letztere Postulat leitet sich allein aus der Moral her, während der erste Satz auf Gesetzgebung, auf Politik bezogen ist. Die Trennung von Moral und Politik war in der Neuzeit von Machiavelli vollzogen worden. Spinoza bezeugt, dass er in dieser Frage in dessen Tradition steht. Für Jesus ist das Verhältnis von Moral und Politik insofern gegenstandslos, als er nur moralische, aber keine politischen Lehren zu geben beabsichtigte.

Ohne die folgenden zwei Fragen zu beantworten, kann Spinozas Stellung zum Christentum nicht bestimmt werden: Worin sah Spinoza den Kern der christlichen Morallehre? Und wie steht seine Ethik zu diesem Kern? Die Antworten darauf fallen lapidar aus: Den Kern der christlichen Morallehre sah Spinoza in Gottes- und Menschenliebe. Menschenliebe ist *tätige* Nächstenliebe, die den Widerspruch zwischen Wort und Tat ausschließt. »Oft musste ich mich darüber wundern, wie Menschen, die sich rühmen, die christliche Religion zu bekennen, also die Liebe, die Freude, den Frieden, die Selbstbeherrschung und die Treue gegen jedermann, in höchst feindseliger Weise miteinander hadern und täglich bittersten Hass gegeneinander auslassen, derart, dass ihr religiöses Bekenntnis weit mehr an solchem Benehmen als an jenen Tugenden erkannt wird.« (TTP, Vorrede)

»Amor Dei intellectualis« ist nun aber auch der Höhepunkt spinozistischer Ethik, eine Liebe, die unauflöslich mit tätiger Menschenliebe verbunden ist. In ihren Zentren also stehen spinozistische Ethik und christliche Morallehre nicht im Verhältnis der Konfrontation, sondern in dem der Übereinstimmung. Spinoza kann daher – fernab jeder Akkommodation – schreiben, dass die christlichen Propheten »keine Sittenlehre erteilt haben, die mit der Vernunft nicht völlig übereinstimmt« (TTP, Kap. 15). Dies ist der Punkt, von dem das Zusammenleben mit Christen, die ihrer Sittenlehre gemäß leben, nicht nur möglich, sondern für Spinoza auch wünschenswert erscheint.

Einschränkend wurde gesagt, dass im Kern Übereinstimmung zwischen spinozistischer und christlicher Morallehre zu finden ist. Aus der Form der Durchführung ergeben sich freilich erhebliche Differenzen. In Spinozas Definition von Barmherzigkeit oder Hoffnung – um nur diese beiden Grundwerte zu nennen – findet sich nichts spezifisch Christliches. Es geht in Spinozas Ethik nirgends um Werte und Normen, die von außen als Maßstab moralischen Handelns an die Natur des Menschen herangetragen werden. Gebote im christlichen Sinne sind ebenso wenig seine Sache wie das Aufstellen eines allgemeinen Sittengesetzes. Es sei denn, man betrachtet seinen Satz, wonach wahre Tugend allein darin besteht, nach Leitung der Vernunft zu leben. Die Vernunft postuliert jedoch nicht, sie erkennt. Mit dem Erkennen aber sind selbstbestimmte Affekte verbunden, die fremdbestimmte Affekte zu mäßigen vermögen.

Konsens schließt Dissens nicht aus. Spinoza war weder Christ, noch war er Antichrist. Das starre Entweder-Oder charakterisiert sein Denken ebenso wenig wie die Unverbindlichkeit der Mitte. Dissens besteht darin, dass christliche Sittenlehre auf Glauben beruht und auf Gehorsam zielt, während Spinozas Ethik auf Vernunft basiert und auf Einsicht gerichtet ist.

Geschichte der Ethik ist zunächst nichts anderes als die zeitliche Abfolge von Versuchen, Ursprünge, Wesen und Inhalt sittlicher Verhältnisse, moralischer Handlungen und Verhaltensweisen zu erkennen, um auf der Grundlage dieser Erkenntnisse Moralvorstellungen theoretisch zu begründen.

Ethik ist eine philosophische *Lehre*, die Moralität bzw. Sittlichkeit zum Gegenstand hat. Die Lehre über einen Gegenstand fällt nicht mit dem Gegenstand zusammen. Moralität und Sittlichkeit sind Formen praktisch-geistiger Verhältnisse, die die Menschen in ihrem Zusammenleben in der Gesellschaft notwendigerweise eingehen. Die Zuordnung der Ethik zur »praktischen Philosophie« hat ihren Grund im Gegenstand der Ethik. Als theoretisch-philosophische Disziplin zielt Ethik – ungeachtet der kantschen Unterscheidung von Wissenschaftsurteilen und moralischen Urteilen – auf Wahrheit. Moralische Kategorien, die die Ethik untersucht, können nicht auf diese selbst angewandt werden. Spinoza erklärt deshalb in einem Brief, dass er nicht die beste Philosophie, sondern eine wahre entwickelt habe. Eine gute oder böse Ethik gibt es nicht, lediglich eine »gut« oder »schlecht« begründete.

Nur von einem streng sokratischen Standpunkt aus ließe sich das Zusammenfallen von Ethik- und Moralgeschichte postulieren. Denn keiner kann – nach der Auffassung des Atheners – gerecht, also moralisch handeln, wenn er nicht weiß, was gerecht, also moralisch ist. Das Wissen vom Guten, also Ethik, erscheint hier als Voraussetzung für gutes, moralisches Handeln.

Demgegenüber könnte in Analogie zu jenem hegelschen Diktum, wonach Logik ebenso wenig Denken lehrt wie die Physiologie das Verdauen, gesagt werden, dass ethische Traktate keine Moral konstituieren. Wäre dies der Fall, dann wären die Ethiker die einzig guten Menschen, was uns die Erfahrung aber höchst selten – wie im Falle Spinozas – bestätigt. Nicht zu leugnen ist allerdings, dass Ethik moralisches Bewusstsein fördern, Selbstbewusstsein stärken kann. In dieser Hinsicht ist sie als Theorie praktisch.

Ist die Geschichte der Ethik mehr als nur eine zeitliche Abfolge ethischer Konzepte? Direkt gefragt: Vollzieht sich in ihr Fortschritt? Solange ich im Rahmen der Ethikgeschichte verbleibe, ist dies kaum zu beantworten. Stellt denn die stoische Morallehre einen Fortschritt gegenüber den aristotelischen Ethiken dar? Oder handelt es sich nicht um Möglichkeiten, die unter je verschiedenen historischen Bedingungen realisiert wurden? Es scheint mir damit ähnlich zu sein wie in der Kunst. Ich kann die Skulpturen des Phidias mit denen von Fritz Cremer vergleichen und mich an beiden erfreuen. Aber hier von einem Fortschritt zu reden macht keinen Sinn. Ebenso wenig, wenn ich Kant mit Spinoza vergleiche. Es sei denn, ich betrachte die Realisierung von Möglichkeiten als Bereicherung menschlicher Kultur und sehe in dieser den Sinn von Fortschritt.

Soweit ich die Geschichte der Ethik überblicke, lassen sich die historisch in großer Mannigfaltigkeit aufgetretenen Ethikkonzepte von ihrem grundlegenden Ansatzpunkt her auf drei Typen zurückführen.

Die Ethikkonzeptionen der ersten Gruppe sind dadurch gekennzeichnet, dass sie den Ursprung von Moral in der *Transzendenz* ansiedeln. Zur Charakterisierung solcher Konzeptionen ließe sich vielleicht der berühmte kantsche Satz in sein Gegenteil verkehren: der Wertehimmel über mir und das Naturgesetz in mir. Platoniker und scholastische Realisten gehen von dieser Voraussetzung aus, die nun selber auch anthropologische Prämissen hat. Wird der Mensch als ein wandelbares, haltloses, sündiges, als ein – wie auch Spinoza sagt – von Affekten hin- und hergerissenes Wesen betrachtet, dann kann der Halt nicht in der Haltlosigkeit, die Unwandelbarkeit nicht in den Wandlungen liegen. Also kann die Richtschnur moralischen Handelns nicht aus der menschlichen Natur selbst entspringen; sie muss aus der Transzendenz gegeben sein. Der Immanenz-Denker Spinoza kann selbstverständlich diesem Schluss nicht zustimmen. Tugend ist nur dort, wo nach der eigenen Natur gehandelt wird. Das Erkennen dieser Natur und ihrer Gesetze, die den allgemeinen Naturgesetzen nicht widersprechen, also Selbsterkenntnis, vermag Tugend zu befördern. Selbsterkenntnis ist Voraussetzung für menschliche Selbstbestimmung.

Augustinus hat gesagt, dass dort, wo der Mensch sich selbst erhöht, Gott erniedrigt wird. Der Mensch wird aber dort erhöht, wo von seiner Selbstbestimmung die Rede ist. Feuerbach behauptet dasselbe, nur mit umgekehrten Vorzeichen: Dort, wo Gott erhöht wird, wird der Mensch erniedrigt. Spinoza steht außerhalb dieser Alternative. Gott werden nicht in anthropomorpher Weise moralische Eigenschaften zugeschrieben und den Menschen keine göttlichen. Der Mensch ist nicht Gott, aber ohne Modifikation keine Substanz.

Das Thema des zweiten, nicht transzendenten, sondern *immanenten* Typus von Moralbegründung hat meines Erachtens Heraklit angeschlagen. Sein diesbezügliches Fragment lautet: »Vernünftige Einsicht zu haben ist die größte Tugend, und Weisheit ist es, Wahres zu reden und gemäß der Natur zu handeln, indem man auf sie hört.« (Fragment 112)

In der von Heraklit begründeten Tradition stehen alle Ethikkonzepte, die bei theoretischer Begründung praktischer Moral auf die Natur des Menschen als Teil der Gesamtnatur rekurrieren. Also auch Spinoza, der in der Neuzeit die naturalistisch gestimmte Ethik in aller Konsequenz entwickelte.

Die Geschichte naturalistischer Ethik, die sich von Heraklit bis zu den Denkern der Aufklärung erstreckt, ist selbstverständlich von erheblichen Differenzen geprägt. Nur eine sei hier angedeutet: Die Denker der französischen Aufklärung entwickeln ihre Auffassung von einer »natürlichen Moral« zumeist in Frontstellung zu gekünstelten, unnatürlichen moralischen Verhältnissen. Das Natürliche impliziert daher schon eine moralische Wertung. Wenn du wissen willst, was gut ist, dann wende dich an die Natur, so Diderot. Das aber provoziert die Frage, was denn für die Freiheit des Menschen gewonnen wäre, wenn an die Stelle der Autorität des Gottvaters die Autorität der Mutter Natur gestellt wird. Diese Frage berührt Spinoza insofern nicht, als er im Guten und Bösen keine positiven Bezeichnungen der Dinge sieht, sondern Begriffe, die wir beim Vergleich der Dinge bilden.

Die dritte Form der Moralbegründung ist diejenige, die *weder auf Transzendenz noch auf Natur* setzt, sondern allein auf ein *höheres Begehrungsvermögen* in uns, das nicht nur über dem Sinnlich-Natürlichen steht, sondern diesem auch entgegengesetzt ist, in welchem nicht die Sinnlichkeit, sondern allein die Vernunft als gesetzgebend den Willen bestimmt. Dies ist die Position von Immanuel Kant, der seine Ethik in kritischer Auseinandersetzung mit der naturalistischen Aufklärung entwickelt, nicht aber in Auseinandersetzung mit Spinoza.

Das angeschlagene Thema »Spinoza und Kant« kann im Rahmen dieser Einführung nicht ausgeweitet werden. Vermerkt sei nur, dass spinozistische und kantische Ethik die tiefgründigsten und am konsequentesten durchgeführten der Neuzeit sind. Fichte meinte daher, dass die eine nicht durch die andere widerlegt werden könne. Es müsse gewählt werden; was aber gewählt werde, hänge davon ab, was für ein Mensch man sei. Nur sollte beim Wählen berücksichtigt werden, dass bei Kant die Kluft zwischen Natur- und Sittengesetz nicht geschlossen wird – trotz aller Versuche. Das aber läuft letztlich auf eine Idealisierung der menschlichen Natur hinaus. Bei Spinoza hingegen kann von einer Idealisierung der menschlichen Natur keine Rede sein, wie auch von vornherein eine Kluft von Natur- und Sittengesetz ausgeschlossen ist.

Wie dem auch sei: Ein Höhepunkt in der Geschichte der Ethik war, ist und bleibt die Philosophie Spinozas allemal.

10. Spinoza und die Politik

Nichts widerlegt die Ansicht, der zufolge Spinoza als weltabgewandter, in Meditationen versunkener Denker erscheint, schlagender als seine Stellung zur Politik. Von Gleichgültigkeit ihr gegenüber oder gar von »Politikverdrossenheit« kann bei ihm wahrlich keine Rede sein. Er hat die Politik nicht nur zum Gegenstand seines Nachdenkens gemacht, wovon seine zwei diesbezüglichen Traktate zeugen, er hat auch in einer ihm gemäßen und möglichen Weise in sie eingegriffen.

Dass Spinoza ein politischer Kopf war, wussten seine Zeitgenossen. Sie hätten ihm wohl sonst nicht eine delikate und nicht ungefährliche diplomatische Mission übertragen. Dass die Verhandlungen mit dem französischen Prinzen Condé nicht zustande kamen, ändert nichts an Spinozas Engagement. Für diejenigen, die in Spinoza nur den kontemplativen Denker sehen, bleibt die Reise in das Lager des Prinzen immer eine rätselhafte Episode. Für ihn, der einen Ruf an die Heidelberger Universität ablehnte, war die Übernahme eines politischen Auftrages im Interesse seines Landes nichts Außergewöhnliches.

Mehr als dieses Faktum, das ja noch als Einzelheit und Zufälligkeit abgetan werden könnte, spricht für Spinozas politische Haltung der Umstand, dass er die Arbeit an seinem Hauptwerk, der *Ethik*, unterbrach, um den *Theologisch-politischen Traktat* in Angriff zu nehmen, der ja durchaus auch als politische Streitschrift zu lesen ist. In einem Brief an Oldenburg aus dem Jahre 1665 schreibt Spinoza:

»Ich verfasse eben eine Abhandlung über meine Auffassung von der Schrift. Dazu bestimmen mich: 1. die Vorurteile der Theologen; diese Vorurteile hindern ja, wie ich weiß, am meisten die Menschen, ihren Geist der Philosophie zuzuwenden; darum widme ich mich dieser Aufgabe, sie aufzudecken und sie aus dem Sinne der Klügeren zu entfernen; 2. die Meinung, die das Volk von mir hat, das mich unaufhörlich des Atheismus beschuldigt: Ich sehe mich gezwungen, die Meinung womöglich von mir abzuwenden; 3. die Freiheit, zu philosophieren und zu sagen, was man denkt; diese Freiheit möchte ich auf alle Weise verteidigen, da hier bei dem allzu großen Ansehen und der Frechheit der Prediger auf alle mögliche Weise unterdrückt wird.« (Brief Nr. 30)

Selbst gegenüber dem keineswegs rebellenhaften Sekretär der Royal Society spricht Spinoza seine Intentionen klar aus: Der in Vorurteilen und Aberglauben befangenen Orthodoxie, die Glaubens- und Gedankenfreiheit unterdrückt, muss der theoretische und politische Kampf angesagt werden.

Dass die Meinung des Volkes, in der Spinoza als Atheist erschien, nicht ohne Zutun der Prediger zustande gekommen war, dürfte jedem klar sein, der den heutigen Umgang mit politischen Gegnern beobachtet.

Immerhin ist es schon so etwas wie eine Ironie der Geschichte, dass gerade das Werk, das den Verdacht des Atheismus zurückweisen wollte, von verschiedenen Seiten zum Kronzeugnis des Atheismus gemacht wurde.

In der Sache hat Spinoza völlig recht. Seine Lehre von der Gottesliebe, seine Anerkennung ethischer Lehren des Christentums vom Frieden auf Erden und der Nächstenliebe waren ihm das Gegenteil des Atheismus, den er in der Liebe zu den endlichen Dingen, im pervertierten Sinnengenuss, in der Ruhmsucht und in der Gier nach Reichtum erblickte. Von hier aus wird verständlich, warum er den Vorwurf, Atheist zu sein, durch Berufung auf sein moralisches Leben als abgetan betrachtete.

Gegen religiöse Orthodoxie wie gegen jegliche Unterdrückung der Denkfreiheit hat Spinoza seit seiner Jugend gefochten. Gedanken- und Glaubensfreiheit waren die kostbaren Güter, die die Niederländer in ihrem nationalen, bürgerlich-revolutionären Befreiungskrieg gegen das katholische Spanien errungen hatten. Im Jahre 1579 hatte die Union von Utrecht diese Freiheiten besiegelt. Holland wurde zum freiesten Staat in Europa, der all jene anzog, die in anderen Ländern ihrer religiösen, wissenschaftlichen und politischen Überzeugung wegen Verfolgungen ausgesetzt waren. Die Freiheit des Geistes stimulierte die Entwicklung von Industrie, Handel, Seefahrt, Wissenschaft und Kunst. Ungebrochener Forscher-, Erfinder- und Unternehmergeist, kühnes Seefahrertum, Rembrandts Kunst und Spinozas Philosophie charakterisieren zu dieser Zeit Holland.

»Da mir nun das seltene Glück zuteil geworden ist, in einem Staate zu leben, worin jedem die unbeschränkte Meinungsfreiheit und das Recht, Gott nach eigener Überzeugung zu verehren, zugestanden ist, und worin die Freiheit als das teuerste und köstlichste Gut geschätzt wird, so hielt ich es für kein undankbares noch unnützes Unternehmen, zu zeigen, dass diese Freiheit nicht bloß gewährt werden kann ohne Nachteil für Religion und Bürgerfrieden, sondern dass sogar diese Freiheit nicht beeinträchtigt werden kann, ohne dass der Bürgerfrieden und die Religion dadurch beeinträchtigt würden.« (TTP, Vorrede)

Die Gedankenfreiheit als Bedingung für Friede und Eintracht im Staate zu begründen war nicht nur eine Frage des republikanischen Prinzips, sondern eine aktuelle politische Aufgabe. In der Spinozaforschung ist zu Recht darauf aufmerksam gemacht worden, dass der wahre Grund, dem der *Theologisch-politische Traktat* sein Entstehen verdankt und der zur Unterbrechung der Arbeit an der *Ethik* führte, in Spinozas Verbindung zu Jan de Witt liegt.[17]

Jan de Witt (1625-1672) leitete als Ratspensionär fast zwei Jahrzehnte die politischen Geschicke der Niederländer. Während seiner Regierungszeit entfaltete sich die See- und Handelsmacht. Das republikanische Prinzip der Gedanken- und Glaubensfreiheit fand seine Realisierung. Jan de Witt galt nicht nur als ein talentierter Staatsmann, sondern auch als ein fähiger Wissenschaftler, der mathematische Traktate verfasste. Sein Interesse an der Entwicklung der Wissenschaften harmonierte mit den Forderungen nach Freizügigkeit.

Dass Beziehungen zwischen Jan de Witt und Spinoza bestanden wie auch Beziehungen des Amsterdamer Bürgermeisters Hudde zu Spinoza, steht fest, auch wenn sich die Rekonstruktion von Details durch die gegebene Quellenlage als schwierig erweist. Wichtiger als Details sind hier aber gedankliche Übereinstimmungen, gemeinsame politische Haltungen. Diese ergeben sich schon daraus, dass beide die gleichen Gegner hatten: die Partei der Oranier, die mit der calvinistischen Orthodoxie verbunden war.

Die Oranier konnten sich auf relativ breite Massen des niederländischen Volkes stützen, da diese sich weitgehend unter dem Einfluss der Prediger befanden und in den Oraniern die Befreier der Niederlande vom spanischen Joch erblickten.

Während also die großbürgerlichen Republikaner unter der Führung Jan de Witts das Prinzip der Gedanken- und Glaubensfreiheit, der Trennung von Kirche und Staat, der Unterordnung der Kirche unter die Staatsgewalt verfochten, Prinzipien also, die Spinoza in seinem Traktat begründet und verteidigt, huldigten die Oranier der religiösen Intoleranz, dem monarchistischen Prinzip der Identität staatlicher und geistlicher Macht, einem Prinzip, das von Spinoza äußerst scharf angegriffen wurde:

»Wenn es auch wahr sein sollte, dass es einer monarchischen Regierung als bewährtes Geheimmittel der Regierungskunst gilt und ihr darum sehr daran gelegen ist, die Menschen im Irrtum zu lassen und die Furcht, welche sie im Zaume halten soll, mit dem schönen Namen Religion zu verhüllen, damit die Menschen für ihre Knechtschaft kämpfen, als wäre sie ein Glück und es nicht für schmachvoll, sondern für höchst ehrenvoll halten, Blut und Leben für *eines* Menschen Ruhmsucht zu opfern: so kann doch in einem freien Staat nichts Unglücklicheres ersonnen und versucht werden als dies, da es mit der allgemeinen Freiheit ganz und gar unvereinbar ist, die freie Meinung des Einzelnen durch Vorurteile befangen zu machen oder auf irgendwelche Weise zu beschränken.« (TTP, Vorrede)

Solange die Innen- und Außenpolitik Jan de Witts den Niederlanden günstig war, stellten die Oranier und ihre Wortführer auf den Kanzeln kaum eine Gefahr für die Regierung dar. Jeder Misserfolg und jede Niederlage aber gaben ihnen die gewünschte Gelegenheit, das Volk gegen seine Regierung aufzuwiegeln. Als der Krieg gegen England ungünstig verlief, der Bischof von Münster in Friesland einfiel, geriet die Republik in eine schwierige Lage. Es hätte nicht viel gefehlt, und die Ereignisse des Jahres 1672, der Sturz der Regierung und die Ermordung Jan de Witts, hätten schon 1665 stattgefunden. Das war aber genau das Jahr, in dem Spinoza sich entschloss, seine Arbeit an der *Ethik* zu unterbrechen und eine Schrift zur Begründung der Gedankenfreiheit, zur Verteidigung der Politik Jan de Witts zu verfassen.

11. Die Methode der Bibelauslegung

Dass eine politisch motivierte Schrift mit einer Analyse der Bibel beginnt, könnte bei uns Heutigen Verwunderung hervorrufen. Was haben, so könnte gefragt werden, Spinozas Abhandlung über Prophetie und die Propheten, über die Gesetze Moses und über die Wunder, über die Entstehungsgeschichte der biblischen Schriften mit Politik zu tun?

Aus Spinozas Sicht erscheint der Zusammenhang in folgender Weise: »Oft musste ich mich darüber wundern, wie Menschen, die sich rühmen, die christliche Religion zu bekennen, also die Liebe, die Freude, den Frieden, die Selbstbeherrschung und die Treue gegen jedermann, in höchst feindseliger Weise miteinander hadern und täglich den bittersten Hass gegeneinander auslassen, derart, dass ihr religiöses Bekenntnis weit mehr an solchem Benehmen als an jenen Tugenden erkannt wird.« (TTP, Vorwort)

Worin, so ist zu fragen, liegen die Ursachen, die einen solchen Zustand bewirken? Eine Ursache liegt im Aberglauben, der seinerseits auf Furcht, Hoffnung und Unwissenheit basiert. Furcht und Hoffnung sind Affekte, die mit inadäquaten Ideen verbunden sind. Aberglaube ist Ausdruck der Knechtschaft, nicht der Freiheit.

Der Aberglaube evoziert religiöse Streitigkeiten, die nicht nur Pfaffengezänk sind, sondern blutige Auseinandersetzung zur Folge haben. Dass hierbei materielle Interessen keine unwesentliche Rolle spielen, hat Spinoza durchaus im Blick.

Die Streitigkeiten beginnen mit der Auslegung der Bibel. Der Papst in Rom beansprucht das Monopol dieser Exegese. Die Reformatoren und ihre Anhänger pochen auf ihre Auslegung. Jeder gibt seinen Glauben für den allein wahren und selig machenden aus. Das Recht auf Glaubensfreiheit und die damit verbundene Toleranz werden dabei zerstört.

Der Streit nimmt kein Ende, weil keine der Parteien eine Methode der Bibelexegese anzugeben vermag, die der menschlichen Vernunft entspricht. Eine methodisch durchgeführte Bibelauslegung erscheint so als Mittel, mit dem den religiösen und politischen Streitigkeiten begegnet werden kann. Damit aber wird sie zu einer bedeutsamen politischen Angelegenheit.

»Um nun aus diesem Wirrwarr loszukommen, den Geist von theologischen Vorurteilen zu befreien und der leichtsinnigen Verwechslung menschlicher Erdichtungen mit göttlichen Lehren zu begegnen, müssen wir von der wahren Methode der Bibelerklärung handeln und dieselbe gründlich darlegen; denn wenn man sich über diese nicht klar ist, so kann man nicht mit Gewissheit wissen, was die Bibel oder was der Heilige Geist lehren will. Um es kurz zusammenzufassen, sage ich, dass die Methode der Bibelerklärung nicht verschieden ist von der Methode der Naturerklärung, vielmehr mit dieser ganz zusammenfällt.« (TTP, Kap. 7)

Naturforschung besteht darin, sich auf den Boden der Tatsachen zu stellen, Naturgesetze zu erkennen und eine Naturgeschichte zu entwerfen. Die Natur kann nur aus sich selbst heraus erklärt werden. Die Kenntnis der in der Bibel enthaltenen Dinge kann allein aus der Bibel geschöpft werden.

Spinozas methodische, der wissenschaftlichen Denkweise verpflichtete Bibelerklärung unterscheidet sich von anderen Bibelauslegungen. Die Spitze seiner Kritik richtet sich gegen vorurteilsvolle Interpreten, denen das Mystisch-Dunkle in der Bibel als besonders bewunderungs- und verehrungswürdig erscheint. Anstatt das Dunkle durch das Licht der Vernunft aufzuhellen, wird der Widerspruch zur Natur und Vernunft hypostasiert. Das Vernünftige und Nützliche in ihr aber wird weitgehend ignoriert. Spinozas Analyse der Bibel unterscheidet sich weiter von jener rationalistischen, die sich auf logische Widersprüche in ihr konzentriert und daraus Zweifel an der Offenbarung ableitet. In Spinozas historischer Bibelerklärung sind diese Widersprüche leicht verständlich; denn es wäre in der Tat ein Wunder, wenn so verschiedene Autoren, die in verschiedenen Zeiten gelebt haben, in völliger Übereinstimmung gedacht und geschrieben hätten.

Dass schließlich Spinoza der subjektivistischen und ahistorischen These, wonach die religiösen Schriften Dokumente des Betrugs seien, mit Befremden gegenübersteht, dürfte aus dem bereits Gesagten klar hervorgehen. Moses hat sein Volks nicht betrogen, er hat ihm Gesetze gegeben, die er gemäß seiner Einbildungskraft formulierte. Und Spinozas historische Analyse zeigt gleichzeitig, dass die Moses zugeschriebenen Bücher keineswegs von ihm allein stammen können.

Nun behandelt die Bibel sehr häufig Dinge, die aus den Grundsätzen der natürlichen Vernunft nicht abgeleitet werden können. In den in der Bibel enthaltenen Geschichten wurde vielmehr von Wundern berichtet. Solche Erzählungen werden von Spinoza keineswegs als blanker Unsinn verworfen. Wie in der Naturerklärung geht es ihm bei der Bibelerklärung nicht um Verurteilung, sondern um Verstehen. Wunder sind nichts anderes als außergewöhnliche Ereignisse, über die sich jene wunderten, die sie erfuhren und über die sie gemäß ihrer Vorstellungs- und Einbildungskraft berichteten. Der Kriegsmann Josua war so von Affekten beherrscht, dass ihm schien, die Sonne stände still. Das ist verständlich. Weniger verständlich wäre die Annahme, dass er die kopernikanische Lehre gekannt habe. So wie Josua waren die Autoren der Bibel kaum wissenschaftlich gebildet. Es ging ihnen in ihren Erzählungen auch keineswegs um adäquate Aussagen über Sachverhalte. Die Autoren der Bibel berichten von ihren Erregungen, die außergewöhnliche Ereignisse in ihnen hervorgerufen haben und die sie mit moralischen Überlegungen verbinden.

Der Satz: »Die Sonne stand still« ist natürlich falsch, weil er Naturgesetzen widerspricht. Der Satz: »Josua schien es, dass die Sonne still stand« widerspricht keinem Naturgesetz. Spinoza betrachtet die Bibel nicht als wissenschaftliches Werk. Es geht ihm deshalb nicht darum, Sätze der Bibel mit naturwissenschaftlichen Erkenntnissen seiner Zeit zu konfrontieren. Wichtiger ist es ihm, die Ursachen aufzuhellen, die die gegebenen Formen des Bewusstseins hervortrieben.

Im strengen Sinne des Wortes ist Spinozas Bibelanalyse keine Bibelkritik. Sie zielt auf das Verstehen der Bibel, auf ihre Erklärung aus sich selbst heraus, so wie die Natur aus sich selbst heraus erklärt wird, was ja auch keine »Naturkritik« einschließt.

Allerdings kritisiert Spinoza jene Bibelexegeten, die die Bibel der Vernunft oder aber die Vernunft der Bibel anpassen wollen. Beide verfehlen nicht nur das Verständnis der Bibel, sondern stehen auch in der Gefahr, Denk- und Glaubensfreiheit zu unterdrücken. Auch aus dieser politischen Motivation heraus trennt Spinoza scharf zwischen Theologie und Philosophie:

»In Kreisen, in denen man die Philosophie von der Theologie nicht zu erkennen weiß, streitet man darüber, ob die Bibel der Vernunft oder umgekehrt die Vernunft der Bibel untergeordnet werden müsse, d.h., ob der Sinn der Bibel der Vernunft oder aber die Vernunft der Bibel angepasst werden müsse. Das Letztere wird von den Skeptikern behauptet, welche die Gewissheit der Vernunft bestreiten, das Erstere von den Dogmatikern. Dass aber die einen wie die anderen ganz gewaltig irren, geht aus unseren bisherigen Ausführungen hervor. Denn in beiden Fällen muss eins von beiden verfälscht werden, entweder die Vernunft oder die Bibel. Haben wir ja gesehen, dass die Bibel keine philosophischen Dinge, sondern nur Frömmigkeit lehrt und ihr ganzer Inhalt der Fassungskraft und den vorgefassten Meinungen des Volkes angepasst worden ist. Wer sie also der Philosophie anpassen will, der muss sicherlich den Propheten Dinge andichten, woran sie nicht im Traume gedacht haben, und ihre Meinung missdeuten. Wer dagegen umgekehrt die Vernunft und Philosophie zur Magd der Theologie macht, der muss die Vorurteile eines Volkes aus alten Zeiten als göttliche Dinge gelten lassen und damit den Geist befangen machen und blenden. Also werden beide Unsinn behaupten, der eine mit, der andere ohne Vernunft.« (TTP, Kap. 15)

Anders als mit den Erzählungen über Wunder und dergleichen verhält es sich mit den Sittenlehren, die in der Bibel enthalten sind. Diese können durchaus aus allgemeinen Wahrheiten abgeleitet werden; d.h., sie stimmen mit dem überein, was in Spinozas Ethik gelehrt wurde: Existenz und Liebe Gottes, Nächstenliebe, die ohne Werke leer ist. »Die Göttlichkeit der Bibel kann sich nur daraus ergeben, dass sie die wahre Tugend lehrt, und dies lässt sich auch aus der Bibel allein nachweisen. Wäre dies nicht der Fall, so könnten wir die Bibel nicht ohne großes Vorurteil anerkennen und ihre Göttlichkeit bekennen.« (TTP, Kap. 7)

12. Naturrechtslehre

»Als ich mein Interesse der Politik zuwandte, ging es mir nicht darum, Neues oder gar Sensationelles, sondern nur das wissenschaftlich einwandfrei darzustellen oder aus dem Wesen der menschlichen Natur selbst herzuleiten, was der Praxis wirklich entspricht.« (TP, I, 4)

Bestand nicht aber gerade darin das Neue? Wenn das Wesen Gottes und das Wesen der menschlichen Natur in radikal neuer Weise verstanden werden, ist dann nicht zu erwarten, dass auch in der politischen Philosophie ein grundsätzlich neuer Ansatzpunkt gefunden wird?

In der Tat bricht Spinoza mit der Tradition bisheriger politischer Philosophie. In scharfer Form kritisiert er die Philosophen, die nie eine praktikable politische Theorie entworfen haben, sondern Phantasiegebilde, die nur in Utopia oder im Goldenen Zeitalter eine Chance gehabt hätten, verwirklicht zu werden – obwohl man sie dort überhaupt nicht bräuchte –, niemals aber in der Realität.

Die Gründe hierfür liegen in einer falschen Auffassung vom Wesen der menschlichen Natur.

»Die Philosophen betrachten die Affekte, denen wir unterliegen, als unsere selbstverschuldeten Fehler; deshalb belachen, beklagen und verspotten sie oft die Menschen und verabscheuen sie sogar, um selbst besser zu erscheinen. Sie glauben, damit einen göttlichen Auftrag zu erfüllen und den Gipfel der Weisheit zu erklimmen, wenn sie die menschliche Natur, wie es sie nirgends gibt, in allen Tonarten preisen, die wirkliche jedoch verurteilen. Die Philosophen betrachten die Menschen nämlich nicht, wie sie sind, sondern wie sie ihrer Ansicht nach sein sollten.« (TP, I, 1)

Angesichts dieser abstrakten Gegenüberstellung von Sein und Sollen ist es schon besser, sich an die Praktiker zu halten, die über Politik geschrieben haben. Ihre reichen Erfahrungen schützen sie vor Lebensfremdheit. Und ihre Praxis zeigt ihnen, dass die von Begierden und Interessen getriebene Politik in einen ständigen Konflikt mit der Moral gerät. In diesem Konflikt blamiert sich zumeist die auf Vernunft gegründete Moral vor dem Interesse. Machiavelli ist es gewesen, der diesen Widerspruch von einer Insiderposition aus in zynischer Weise offenbar gemacht hat.

Spinoza ist weit davon entfernt, ein Zyniker zu sein, aber die Differenzen zwischen Moral und Politik hat er wohl gesehen. Die moralischen Lehren der Religion, wonach jeder seinen Nächsten lieben solle wie sich selbst und das Recht des anderen schützen solle wie sein eigenes, vermögen »recht wenig gegen die Gefühlserregungen« (TP, I, 5) auszurichten, die in der Politik wirksam werden. Sein in diesem Zusammenhang geschriebener Satz, dass die Sieger eher stolz darauf sind, dem anderen geschadet als sich selbst genützt zu haben, gilt wohl auch für unsere Zeit.

Moralisches Handeln und Verhalten heißt, nach der Leitung der Vernunft zu leben. Nach der Leitung der Vernunft zu leben hat wiederum Geistesfreiheit und Geisteskraft zur Voraussetzung. Diese aber sind Tugenden von Individuen. Die Tugend des Staates hingegen ist es, Sicherheit und Freiheit seiner Bürger zu garantieren.

Würden die Bürger eines Staates tatsächlich strikt nach der Maßgabe der Vernunft leben und ihre Affekte zu mäßigen verstehen, dann könnten allerdings ihre politischen, d.h. auf die

Polis, den Staat, bezogenen Handlungen aus den Grundsätzen der Vernunft abgeleitet werden. Doch dies ist nur in Utopia, also nirgendwo der Fall. »Die Menschen werden mehr von blinder Begierde als von Vernunft geleitet.« (TP, II, 6)

Wenn die Philosophen vor und nach Spinoza Ursachen und Grundlagen des Staates und seiner Machtausübung von Vernunftprinzipien herzuleiten versuchten, so waren sie – von Spinozas Standpunkt aus – auf dem Holzwege nach Utopia. Ursachen und Grundlagen der Gesellschaft können nur in den vorgegebenen Anlagen der menschlichen Natur gefunden werden, die nicht auf Vernunft zu reduzieren sind.

Aus der menschlichen Natur folgen Verhaltens- und Handlungsweisen, deren Motive von Begierden oder von Vernunft geleitet sind. So relevant diese Unterscheidung für die Ethik ist, so gleichgültig ist sie für die Politik, für den Staat. »Entscheidend für die Sicherheit des Staates ist nämlich nicht, wodurch die Menschen motiviert werden, ihre Aufgaben zu erfüllen, sondern dass sie es überhaupt tun.« (TP, I; 6) Der Staat hat über Handlungen zu richten, nicht über Motive. Wo er über Motive urteilt, dort sind Geistesfreiheit und Glaubensfreiheit in Gefahr.

Der Mensch, ob er nun weise oder töricht ist, ob er von Vernunft oder Begierden angetrieben wird, ist Teil der Natur, nach deren Gesetzen er handelt. Seine Kräfte und Fähigkeiten, seine ihm von Natur gegebene Macht vermag er einzusetzen, um seine Selbsterhaltung zu gewährleisten. Zu allem, was in seiner Macht steht, hat er auch das Recht. Im Unterschied zur unendlichen Natur oder zu Gott, der allmächtig ist, ist die Macht des Menschen begrenzt. Mit einem Tisch vermag der Mensch viel zu machen; aber ihn zu zwingen, dass er Gras frisst, liegt nicht in seiner Macht. Nur sehr bedingt steht es in seiner Macht, über einen starken oder schwachen Körper zu verfügen oder über einen gesunden oder kranken Geist.

Das grundlegende Recht der gesamten Natur und also auch jedes Einzelwesens geht genau so weit, wie ihre bzw. seine Macht reicht. Folglich handelt jeder Mensch bei allem, was er nach den Gesetzen seiner Natur tut, nach dem höchsten Recht der Natur.

Das *Naturrecht* ist also nichts anderes als die Macht der Natur. »Unter Naturrecht (ius naturae) verstehe ich die Naturgesetze (leges naturae) selbst, die Regeln, nach denen alles verläuft, also die eigentliche *Macht* der Natur.« (TP, II, 4)

Die Natur, ihre Macht und ihr Recht stehen nicht unter den Gesetzen der menschlichen Vernunft. Ihre Wirkungsweise außer und in uns ist abhängig davon, ob wir sie für positiv oder negativ halten. Die Sonne scheint über Narren und Weise, der Tod ereilt Tugendritter wie Unholde. Im Naturzustand gibt es keine Gerechtigkeit, kein Eigentum, keine Sünde. Das Streben nach Selbsterhaltung dominiert.

Im Naturzustand ist das Streben der Individuen nach Selbsterhaltung durch folgenden Gegensatz charakterisiert: Einerseits führt das von Begierden getriebene und von Affekten bestimmte Handeln dazu, dass sich die Menschen feindlich gegenüberstehen. Zwei begehren den gleichen Gegenstand, und der Kampf beginnt. Hobbes hat dies als Krieg aller gegen alle bezeichnet. Andererseits ist die natürliche Macht der einzelnen begrenzt. Um ihre Selbsterhaltung zu sichern, bedürfen sie der gegenseitigen Hilfe. Denn wo zwei sich vereinen, dort verdoppeln sie ihre Macht. Diese Verdoppelung der Kräfte hat zur Bedingung, dass die Verbündeten einander keinen Schaden zufügen; sie hat aber nicht zur Bedingung, dass sie mit ihren gewachsenen Kräften anderen keinen Schaden zufügen.

Würden die Menschen vernunftgeleitet leben, dann könnten sie ihr Recht behaupten, ohne andere zu schädigen. Der Naturzustand ist aber keine von der Vernunft gestiftete Idylle.

Bei seiner Intention, den Übergang vom natürlichen zum bürgerlichen Zustand des Menschen auf »naturwüchsige« Weise, also ohne Zuhilfenahme einer äußeren Vernunft zu erklären, stützt sich Spinoza auf Grundthesen seiner Philosophie. Eine davon lautet, dass ein Affekt nicht anders eingeschränkt werden kann als durch einen anderen, der stärker und dem ersten entgegengesetzt ist. Ein Affekt, der notwendig dazu führt, einem anderen Menschen zu schaden, kann nur durch einen anderen begrenzt werden. Diesen anderen Affekt bildet die Furcht, dass durch den von mir verursachten Schaden für mich größerer Schaden entsteht. Wir unterlassen Schädigungen aus Furcht vor größerem Schaden. Denn dies gilt Spinoza als ewiges Gesetz: Die Menschen wählen von den Gütern das, was ihnen den größten Nutzen zu bringen scheint, von den Übeln das, wovon sie die geringste Beeinträchtigung erwarten.

Die Vereinigung der Menschen scheint nun aber großen Nutzen zu bringen. Sie vervielfacht ihre Macht und gewährt Sicherheit. Mit der Versicherung, sich gegenseitig nicht zu schaden, werden allerdings natürliche Rechte des Einzelnen aufgehoben und an den Verein übertragen. Das natürliche Recht, nach Gutdünken zu handeln und alles, was in seiner Macht steht, zu tun, wird eingeschränkt. Dies ist notwendig, wenn die Menschen in Eintracht leben und sich gegenseitig helfen wollen.

Die vereinigte Macht der Individuen stellt gleichsam einen Organismus dar, der von einem Willen geleitet wird. Er hat Gesetze zu geben und diese zur Geltung zu bringen. »Ein solcher, auf Gesetze und die Macht, sich zu erhalten, sich gründender Verein heißt Staat, und diejenigen, welche durch dessen Recht geschützt werden, heißen Bürger.« (Eth. IV, 37. Lehrsatz, 2. Anmerkung)

Die Vergesellschaftung erfolgt nicht im Widerspruch zum natürlichen Wesen des Menschen, zu seinem Naturrecht. Dies erhellt sich auch daraus, dass Affekte nicht nur zur trennenden Feindschaft, sondern auch zur verbindenden Freundschaft zu führen vermögen. Die Liebe, über die ausführlich gesprochen wurde, ist ein verbindender Affekt. Sie reduziert sich nicht auf die Familie. Die Gleichheit und Ähnlichkeit von Affekten menschlicher Individuen sind Bedingungen, unter denen Vereinigung möglich werden kann.

Die Entstehung staatlicher Gemeinschaften ist nicht auf das Gebot eines von der Vernunft erleuchteten Staatengründers zurückzuführen, sie gehen vielmehr aus der natürlichen Lebensweise der Menschen hervor. Dass die Gesetze eines Volkes von einem Einzelnen formuliert werden, wie es etwa Moses für das jüdische Volk tat, ist eine andere Frage. Moses Gesetze reflektieren bestehende Verhältnisse und hätten niemals Geltung erlangt, wenn nicht eine vereinte Macht von Individuen hinter ihnen gestanden hätte.

Dass Spinoza in seiner Theorie des Überganges vom natürlichen zum bürgerlichen Zustand den unmittelbaren »Stoffwechselprozess« zwischen Mensch und Natur, also die Arbeit auslässt, ist ganz sicher ein Mangel. Eine solche Analyse hätte seiner Grundintention keineswegs widersprochen, sondern diese deutlicher werden lassen.

Die Bildung des Staates hebt das Naturrecht nicht auf, es ändert nur seine Form. Nicht mehr dem Einzelnen wird das Recht zugestanden, zu tun, was in seiner Macht steht, sondern der Vereinigung der Individuen. Der Staat hat die höchste Macht und daher auch das höchste Recht zu allem, was er vermag. Dieser Macht muss sich der Einzelne unterordnen. Die Übertragung der natürlichen Rechte des Einzelnen an den Staat und die Unterordnung unter dessen Recht sind zwei Seiten derselben Medaille. Unterordnung heißt, entweder aus freiem Antrieb oder aus Furcht vor Strafe den Gesetzen des Staates zu gehorchen.

»Das Rechtsverhältnis einer solchen Gesellschaft wird Demokratie genannt, welche hiernach zu definieren ist als eine allgemeine Verbindung von Menschen, die als Gesamtheit das Recht zu allem hat, was sie kann.« (TTP, Kap. 16)

Macht nicht aber, so könnte gefragt werden, die Unterordnung unter den Staat und der strikte Gehorsam gegenüber seinen Gesetzen die natürliche Freiheit des Einzelnen zunichte? Spinoza hat diese Frage vorausgesehen und sie auf folgende Weise beantwortet:

»Vielleicht wird nun mancher glauben, ich wolle auf diese Weise die Untertanen zu Sklaven machen, indem man der Ansicht ist, ein Sklave sei, wer auf Befehl handelt, ein freier Mensch, wer nach eigenem Antrieb lebt. Allein diese Voraussetzung ist nicht unbedingt richtig. In Wahrheit ist der größte Sklave derjenige, der von seinen Lüsten dermaßen beherrscht wird, dass er seinen Vorteil weder sieht noch verfolgt; ein freier Mensch aber ist nur derjenige, der mit voller Zustimmung seines Inneren sich nur von der Vernunft leiten lässt. Das Handeln auf Befehl aber, d.h. der Gehorsam, hebt zwar die Freiheit auf gewisse Weise auf, macht aber noch nicht zum Sklaven, dies tut nur der Grund des Handelns. Bezweckt eine Handlung nicht den Nutzen des Handelnden, sondern desjenigen, der sie befohlen hat, so handelt er als Sklave, unnütz für sich selbst. In einem Gemeinwesen und Staat jedoch, wo das Wohl des ganzen Volkes, nicht des Gebietenden, höchstes Gesetz ist, kann derjenige, der in allen Dingen der höchsten Gewalt gehorcht, nicht ein sich selbst unnützer Sklave, sondern nur ein Untertan heißen. Daher ist der Staat der freieste, dessen Gesetze auf die gesunde Vernunft sich gründen, denn in einem solchen kann jeder überall frei sein, d.h. mit voller Übereinstimmung seines Inneren nach der Anleitung der Vernunft leben.« (TTP, Kap. 16)

Der Untertan, von dem Spinoza spricht, gleicht keineswegs jener Gestalt, die Heinrich Mann in seinem gleichnamigen Roman charakterisiert hat. Ein Staat, dessen Sicherheit und

Frieden allein auf der Feigheit seiner Untergebenen beruhen, die wie Tiere geführt werden und nichts als Gehorsam lernen, der muss – nach Spinoza – eher als Stall denn als Staat bezeichnet werden.

Die Demokratie ist die natürlichste Staatsform. Sie entspricht der Freiheit, die die Natur dem Einzelnen gewährt. In »einer Demokratie überträgt niemand sein Naturrecht derart auf einen anderen, dass er selbst in Zukunft nie mehr zu Rate gezogen wird, sondern er überträgt sein Naturrecht auf die Mehrheit der ganzen Gesellschaft, von welcher er selbst einen Teil bildet. Auf diese Weise bleiben sich alle gleich, wie zuvor im natürlichen Zustande.« (TTP, Kap. 16)

In der Demokratie bleibt das Naturrecht unangetastet. Gerade darin sah Spinoza seine Differenz zu Hobbes.[18] Das Naturrecht des Einzelnen wird hier nicht vernichtet, sondern im Staat, der ja nichts anderes ist als die Vereinigung der Macht und des Rechts der Individuen, aufgehoben. Von einem Naturrecht staatlicher Gemeinschaften kann dort die Rede sein, wo die Menschen gemeinsame Rechte haben, sie das von ihnen bewohnte Land aneignen, für die eigene Sicherheit sorgen und nach gemeinsamem Willen handeln.

Demokratie ist zwar nicht die einzige Staatsform – waren doch in der Geschichte und auch zu Spinozas Zeiten Monarchien und Aristokratien die Regel –, aber sie ist die Staatsform, die den Zweck des Staates in adäquater Weise zu realisieren vermag. Dieser Zweck aber besteht darin, kraft der dem Staat übertragenen Macht Bedingungen zu schaffen und zu erhalten, unter denen die Bürger ihre Kräfte entfalten können, unter denen der freie Gebrauch der Vernunft und Glaubensfreiheit garantiert sind, unter denen Gegensätze und Streitigkeit im Zaume gehalten werden. Der Zweck des Staates ist nicht nur Sicherheit, sondern ebenso Freiheit.

Eine demokratische Regierung wird von einem freien Volk eingesetzt. Ein »freies Volk wird mehr von Hoffnung als von Furcht, ein unterdrücktes aber mehr von Furcht als von Hoffnung geleitet. Ein freies Volk will sein Leben gestalten, ein unterdrücktes nur dem Tode entgehen; ich betone, das freie will nach eigenem Willen leben, das unterdrückte wird zum Besitz des Unterdrückers herabgewürdigt. Deshalb nenne ich das eine frei, das andere geknechtet.« (TP, III, 6)

Von einer Idealisierung des Naturzustandes, wie sie später Rousseau vorgenommen hat, ist Spinoza weit entfernt. »Zurück zur Natur« ist schon gar nicht seine Losung. Ein naturgegebenes Menschenrecht besteht im Naturzustand mehr in der Einbildung denn in der Wirklichkeit. Im Naturzustand steht jeder nur so lange unter seinem eigenen Recht, wie er von anderen nicht unterdrückt werden kann. Auf sich allein gestellt, vermag der Einzelne sein Recht nicht zu sichern; im Naturzustand kann das Individuum seine Selbständigkeit nicht bewahren. Wenn daher die Scholastiker, die sich auf Aristoteles stützen, meinen, dass der Mensch im Naturzustand kaum autonom sein kann und ihn deshalb als »zoon politicon«, als gesellschaftliches Wesen fassen, dann kann der Antischolastiker Spinoza dem nicht widersprechen. (TP, II, 15)

Zu Recht ist Spinozas Lehre vom Naturrecht mit menschlicher Würde und aufrechtem Gang in Verbindung gebracht worden. Aufrechter Gang ergibt sich nicht aus dem Affekt des Stolzes auf dieses oder jenes. Er resultiert auch nicht aus einer Idealisierung, sondern aus der Erkenntnis der menschlichen Natur.

13. Spinozaforschung im Aufwind

Der Satz von Schelling, wonach Spinoza nie zu einer wahren Vergangenheit geworden ist, gilt sowohl im Hinblick auf die Geschichte wie im Hinblick auf die Gegenwart.[19] Allen Versuchen, Spinoza ganz zu verdrängen, war kein dauerhafter Erfolg beschieden. Ob im aufsehenerregenden Streit oder in stiller Forschung – Spinoza blieb präsent. Freilich vollzog sich der Einfluss Spinozas in der Philosophieentwicklung in unterschiedlicher Weise. Zu einer kontinuierlichen Ausbildung einer Spinoza-Schule im engen Sinne des Wortes ist es nie gekommen.

Nach dem Tod Spinozas und dem Verbot seiner Schriften dominierten ein Jahrhundert lang die Versuche, ihn »totzuschreiben« oder »totzuschweigen«. »Spinozismus« war die ideologische Keule, mit der jeder Gegner niedergemacht werden konnte. In dieser Atmosphäre gesteigerter Intoleranz waren selbst diejenigen, die Spinoza geistig nahe standen und seine Philosophie zu schätzen wussten, gezwungen, sich von Spinoza zu distanzieren.

Den Ausbruch aus dieser Atmosphäre wagte Lessing. Jacobi machte publik, dass der Autor des *Nathan* in einem Gespräch geäußert habe, dass er seine Philosophie, wenn er sie schon mit einem Namen bezeichnen solle, als spinozistisch beschreiben würde. Diese Nachricht schlug ein; den gemäßigten Aufklärer Moses Mendelssohn traf der Schlag. Es begann der »Spinozismus-Streit«, der – ungeachtet aller Widersprüchlichkeiten – eine Neubewertung Spinozas zur Folge hatte.

In Weimar waren es Herder und Goethe, die von spinozistischen Gedanken inspiriert wurden und sie in eigenständiger Weise aufnahmen. In Jena erkannte Fichte, dass es nur zwei konsequente philosophische Systeme der Neuzeit gibt, das von Spinoza und das von Kant. Er entschied sich für Kant, weil ihm schien, dass dieser den Freiheitsbegriff besser gefasst habe. 1802 erschienen in Jena Spinozas Werke. Ihr Herausgeber war Paulus. Hegel hat an dieser Ausgabe mitgewirkt, worauf er sich mit Stolz berief. Er und Schelling brachten Spinoza hohe Wertschätzung entgegen. Die von ihnen entwickelten Systeme entstanden in ständiger Reibung mit Spinoza. Ohne Spinoza wäre der deutsche Idealismus nicht das geworden, was er wurde. Feuerbach setzte die Sache Spinozas in kritischer Weise fort, das »Deus sive natura« durch »Aut Deus – aut natura« ersetzend. 1841 beginnt Auerbach mit der Edition der Werke Spinozas in deutscher Sprache. Marx rezipierte Spinoza.[20]

Kurzum: Nach dem Ausgang der klassischen deutschen Philosophie ist Spinoza zu einer festen Größe in der akademischen Philosophiegeschichtsschreibung geworden. In diesem Rahmen begann um die Jahrhundertwende eine fruchtbare Spinozaforschung, die vorzüglich mit den Namen Freudenthal und Gebhardt verbunden ist. Doch ihr sollte keine kontinuierliche Entwicklung beschieden sein.

An unglaublichen Verdrehungen und gehässigen Unterstellungen mangelt es der Geschichte der Spinoza-Rezeption nicht. Den gewaltsamen Umgang mit Spinoza demonstrierte der deutsche Faschismus. Auschwitz steht nicht nur für systematisch betriebenes Morden, intendiert war ebenso die Vernichtung des Geistes verstorbener Generationen, der in den hinterlassenen Werken lebendig geblieben war. Dieser Wahn zielte auch auf die Liquidierung Spinozas und seiner Wirkungsgeschichte. Zu den ersten kulturellen Bestrebungen, die im faschistischen Deutschland gewaltsam unterdrückt wurden, gehörte die international anerkannte Spinozaforschung.

Es blieb dem renommierten deutschen Hegelforscher Hermann Glockner vorbehalten, dieser Schändlichkeit eine »philosophiehistorische Basis« zu geben. Dabei wurde exemplarisch die Wirkung antisemitischen Giftes demonstriert.

Es sei, so Hermann Glockner, die »Zusammengezogenheit des deutschen Gemüts« gewesen, die sich in den Freiheitslehren der deutschen Dichter und Denker ausgesprochen und gegen »die Unpersönlichkeit und Unfreiheit des Spinozismus« zur Wehr gesetzt habe. Und weiter: »Auf dem undeutschen Boden des Spinozismus wäre die Ausbildung dieser Freiheitslehre unmöglich gewesen. *Der Jude Spinoza ist der bedeutendste Widersacher und Gegenspieler der deutschen Philosophie.*« Wer schlug so auf ihn ein, könnte mit Brecht gefragt werden, dass er wider besseres Wissen – denn er kannte wohl die Bekenntnisse zu Spinoza von Lessing, Herder und Goethe, von Schelling, Hegel und Schleiermacher – fortfuhr: *»Mit dem echten Spinoza wusste kein Deutscher jemals etwas anzufangen.«* Schon selber mitleiderregend ist Glockners Versuch, diese seine These mit den historischen Tatsachen in Einklang zu bringen. Die Spinoza nahe stehenden Deutschen hätten überhaupt kein wahres Bild von Spinoza gehabt. Es sei »das Mitleid mit dem volk- und heimatlosen Mann« gewesen, das sie veranlasst habe, zwar ein falsches, aber »dem deutschen Fühlen angepasstes Bild« zu malen.[21]

Der abrupte Abbruch der deutschen Spinozaforschung hatte Langzeitwirkung. Dass sie nicht sofort und nicht dort wiederaufgenommen wurde, wo sie abgeschnitten worden war, hatte vielerlei Gründe. Einer davon liegt darin, dass das deutsche Geistesleben Orientierungen folgte, die Spinoza kaum ins Blickfeld kommen ließen.

Zum 300. Geburtstag von Leibniz, also im Jahre 1946, hielt Theodor Litt an der wiedereröffneten Deutschen Akademie der Wissenschaften zu Berlin einen in mancherlei Hinsicht bemerkenswerten Vortrag. An seiner weichenstellenden Rede interessieren hier nur seine Bemerkungen zu Spinoza.

»Philosophie soll uns Führerin des Lebens sein. Nun, es hat nicht viele Philosophen gegeben, die der Philosophie das Amt der Lebensführung mit solcher Entschiedenheit indiziert haben wie Leibniz. Wie wenig selbstverständlich diese Beauftragung ist, das lehrt das Gegenbeispiel des ihm unmittelbar voranschreitenden *Spinoza.* Für ihn ist die Philosophie die überschauende Weisheit, die das Gemüt zu gelassener Ergebung in die göttliche Notwendigkeit des Weltlaufs stimmt. Hingegen Leibniz hat nicht nur durch seine Lehre, sondern auch und besonders durch sein ganzes Leben Zeugnis abgelegt für die Inbrunst seines Glaubens, dass die Philosophie voranzugehen habe auf dem Wege, der nicht nur aus dem Irrtum zur Erkenntnis, sondern auch aus der Trübe zur Klarheit, aus der Wirrnis zur Ordnung, aus dem Widerstreit zum Einvernehmen, aus der Unseligkeit zur Glückseligkeit emporführt.«[22]

Dass diese Gegenüberstellung fragwürdig ist, dürfte nach unserer knappen Darstellung der Philosophie von Spinoza einleuchten. Hier geht es allerdings nur um die Feststellung, dass die einflussreiche Position von Theodor Litt, die nicht mit der von Glockner in eins zu setzen ist, wenig geeignet war, das Verdikt über Spinoza aufzuheben.

Es hat lange Zeit gedauert, bis sich in deutschen Landen[23] eine neue Spinozaforschung etablierte. Dass in den zwölf Jahren Faschismus nichts über Spinoza erscheinen konnte, ist unter Berücksichtigung der obwaltenden Bedingungen verständlich; dass aber in den folgenden zwei Jahrzehnten kaum etwas über ihn erschien, ist bedenklich. Gar mancher hat daraus geschlossen, dass Spinoza überholt sei. Eine Meinung, die in unserer Gegenwart längst nicht überwunden ist. Im künstlerisch-literarischen Bereich präsentierte sich die Lage etwas anders. Hier war spinozistisches Gedankengut bald wieder präsent. Als das Deutsche Theater mit der Aufführung von Lessings *Nathan der Weise* in programmatischer Weise seine Wiedereröffnung beging, stand Spinoza zwar nicht im Rampenlicht, aber an den Grundaussagen dieser Feier der Toleranz war er maßgeblich beteiligt. Wenn in der Rückbesinnung auf die deutsche Kulturgeschichte der Weimarer Klassik besondere Bedeutung zugemessen wurde, dann musste auch Herders und Goethes *Herr und Meister* in den Blickpunkt kommen. Schließlich war es der Schriftsteller Arnold Zweig, der mit seinem heute noch berührenden Essay Spinoza auf deutschem Boden ein Denkmal errichtete.[24]

Es war ja nicht das erste und nicht das letzte Mal, dass sich die Kunst als besserer Seismograph als die Philosophie erwies. Die aus gewichtigen Gründen viel gerühmte deutsche Philosophie wurde nicht immer der von Kant geforderten Rolle des Fackelträgers gerecht; sie hat auch nicht selten dem Zeitgeist die Schleppe hinterhergetragen.

Einer jungen Generation, die von einem neuen geschichtlichen Standort aus nach der Verantwortung der Väter fragte, war es vorbehalten, Spinoza neu zu entdecken. Sie inspirierte und realisierte Forschungsvorhaben, die achtungsvoll an die Spinozaforschung vor 1933 anknüpften, sie aber aufgrund der Erfahrungen und der Resultate der Wissenschaftsentwicklung auf neuen Boden stellten.[25]

Was die neueste deutsche Spinozaforschung auszeichnet, ist ihre Eingebundenheit in den internationalen Diskurs. Neben einer Vielzahl wissenschaftlicher Veranstaltungen zeugen hierfür besonders die bisher erschienenen Bände der *Studia Spinozana*[26] Als sich Ende der achtziger Jahre in Hannover die Spinoza-Gesellschaft konstituierte, geschah dies auf einem tragfähigen Fundament. Eine Vielzahl von Studien lagen vor oder waren im Entstehen begriffen, die auf die Erschließung des Werkes von Spinoza und seiner Wirkungsgeschichte zielten und die Einbeziehung Spinozas in den philosophischen Diskurs der Gegenwart förderten. Die rege Tätigkeit der Spinoza-Gesellschaft hat neue, vor allem junge Kräfte angezogen, so dass von einem Aufwind der Spinozaforschung auch in dieser Beziehung gesprochen werden kann.

Obwohl weiterhin die Tendenz vorherrschend ist, das Kultur- und Geistesleben der der Bundesrepublik Deutschland beigetretenen Deutschen Demokratischen Republik undifferenziert und fast ausschließlich im Hinblick auf ihre wirklichen und vermeintlichen Schattenseiten zu betrachten, können die Anstrengungen nicht umgangen werden, die hier gemacht wurden, um – manchen Widerständen zum Trotz – Texte von Spinoza bereitzustellen, um das Verhältnis von Spinozismus und Marxismus aufzuhellen, um an der internationalen Spinozadiskussion mitzuwirken. Dass unterschiedliche Standorte und politische Konstellationen unterschiedliche Blickrichtungen auf Spinoza bedingten, war jedenfalls kein Grund, ein gewisses Maß der Zusammenarbeit zu verhindern. Der der spinozistischen Philosophie innewohnende tolerante Geist und die beschriebenen Voraussetzungen waren es, die ein Zusammenwachsen der Spinozaforschung in Ost und West möglich machten, eine – Unterschiede nicht ausschließende – Gemeinsamkeit, die auf manch anderen Gebieten schmerzlich vermisst wird.[27]

Anhang

Anmerkungen

1 »Spinoza ist der vornehmste und liebenswerteste der großen Philosophen. An Klugheit waren ihm einige andere überlegen, ethisch aber steht er am höchsten. Die Folge war natürlich, dass man ihn zu seinen Lebzeiten und noch ein Jahrhundert nach seinem Tode für einen entsetzlich bösen Menschen hielt.« So Bertrand Russell, Philosophie des Abendlandes. Im Zusammenhang mit der politischen und sozialen Entwicklung, 2. Aufl., Darmstadt 1951, S. 473. Das könnte ja unterschrieben werden, wenn aus dem »an Klugheit waren ihm einige andere überlegen« nicht geschlossen würde, dass Spinoza letztlich doch in den Glasschrank gehört. Zu denen, die Spinoza an Klugheit überlegen, an Moralität aber unterlegen waren, zählt Russell ohne Zweifel Leibniz. Diese Gegenüberstellung wird allerdings fragwürdig, wenn Russell Leibniz' »eigentliche«, d.h. nicht populäre Philosophie als stark spinozistisch charakterisiert. (Vgl. ebenda, S. 483)

2 Albert Einstein, Brief an S. Hessing, in: Spinoza-Festschrift, Heidelberg 1933, S. 221. Mit der Untersuchung des intensiven Verhältnisses zur Philosophie Spinozas ist Cornelia Liesenfeld befasst. Vgl. ihre Arbeit: Einsteins Spinozismus, in: prima philosphia, hrsg. von Sabine S. Gehlhaar, Bd. 4, H. 1, Cuxhaven 1991, S. 73-105.

3 Wolfgang Bartuschat, Spinozas Theorie des Menschen, Hamburg 1992, S. X. Bartuschats gründlicher Analyse verdanke ich manche Anregung.

4 Die Gründe, die zur Entfernung von der jüdischen Religion und zum schließlichen Bruch mit ihr führten, sind vielfältig. Es seien nur folgende genannt:

Die Protesthaltung gegen jegliche Unterdrückung der Denk- und Glaubensfreiheit bildete sich bei Spinoza frühzeitig aus. Sie richtete sich zunächst gegen die Intoleranz der katholischen Kirche. Aus den Erzählungen seines Vaters, der noch in Portugal geboren war, wusste er um die Judenverfolgungen auf der Iberischen Halbinsel. In Holland war darüber hinaus die Schreckensherrschaft des Herzogs Alba noch in frischer Erinnerung. Die antikatholische Haltung hat Spinoza sein Leben lang bewahrt. Als ein gewisser Albert Burgh den Versuch unternahm, Spinoza zum Katholizismus zu bekehren, antwortete ihm dieser auf für ihn ungewöhnliche Weise. Er vermochte nämlich seine Empörung kaum im Zaume zu halten.

Bald musste er allerdings erfahren, dass die Schändlichkeiten, die vom religiösen Fanatismus hervorgebracht werden, kein Monopol der katholischen Kirche waren. Dass die Amsterdamer Juden aufgrund ihrer Erfahrungen die Reinheit ihrer Religion auf besondere Weise zu verteidigen suchten, ist verständlich, weniger, dass sie zweifelnde Fragen in ähnlicher Weise verfolgten wie die Inquisition. Dies lehrte der Fall von Uriel da Costa. Dieser hatte in einer Schrift Zweifel an der Unsterblichkeit der individuellen Seele geäußert. Er wurde verurteilt und zum Widerruf gezwungen. Da die Zweifel blieben, wurde er ein zweites Mal verurteilt. Das Schauspiel, an dem der achtjährige Spinoza wahrscheinlich teilgenommen, zumindest aber davon gewusst hat, war schrecklich. Der völlig entkleidete Zweifler wurde vor die Schwelle der Synagoge gelegt, und die ganze Gemeinde schritt über ihn hinweg. Da Costa hat die Schmach nicht verwunden und starb durch Selbstmord. Spinoza hat dieses Ereignis nicht vergessen. Den Suizid aber lehnte er aus prinzipiellen Gründen ab.

Ein weiterer Grund für die Abkehr von der jüdischen Religionsgemeinschaft bestand sicherlich in dem unmittelbar erfahrbaren Widerspruch zwischen dem engen Dogmatismus einerseits und dem geschäftigen, weitherzigen und freien Leben in Amsterdam. Descartes hat es beschrieben und die holländische Malerei des 17. Jahrhunderts hat das neue Lebensgefühl zum Ausdruck gebracht. Welch ein Kontrast: Auf den Scheiterhaufen wird – wovon Spinoza berichtet – Ludwig der Fromme verbrannt, in der weltoffensten Stadt der damaligen Zeit aber herrscht freisinnige Geschäftigkeit. Es ist schwer vorstellbar, dass der heranwachsende hellwache Spinoza diesen Widerspruch nicht empfunden haben sollte.

Mit den äußeren Einflüssen verbindet sich die innere geistige Entwicklung. Das Studium der jüdischen religiösen Schriften führt dazu, dass Widersprüche in ihnen wahrgenommen werden. Mit dem

Wissen wächst der Zweifel. Hinzu kommt, dass Amsterdam wissenschaftliches Informationszentrum ist. Wissenschaftliche Entdeckungen und neue Werke werden auf Amsterdams Straßen diskutiert. Keineswegs zufällig, dass sich Spinoza nach dem Bruch mit der Synagoge der Latein-Schule des van den Enden zuwendet, um tiefer in das Reich der Wissenschaften eindringen zu können.

Es ist davon gesprochen worden, dass Spinoza ein heimatloser, von seinem Volke verlassener Mann gewesen sei. Dem ist nicht so. Er hat die Widersprüche seines Volkes, seines Heimatlandes und seiner Zeit erfahren und erkannt und deshalb einen neuen und sicheren Ausgangspunkt für sein Denken und Leben gesucht.

5 Der niederländische Spinozaforscher Hubertus Hubbeling hat zu Recht vermerkt, dass ein Spinoza-Biograph vor keiner leichten Aufgabe steht, weil es mehr zweifelhafte als verbürgte Nachrichten über Spinozas Leben gibt. Er hat alle überkommenen Nachrichten zusammengestellt und nach dem Grad ihrer Echtheit, Zweifelhaftigkeit und Falschheit geordnet. Vgl. Hubertus Hubbeling, Spinoza, Freiburg/München 1978.

6 Hegel hat die Methode als das »Bewusstsein über die Form der inneren Selbstbewegung des Inhalts« bestimmt (Wissenschaft der Logik, 1. Teil, Leipzig 1951, S. 35) und gemeint, dies stehe im direkten Gegensatz zur Methode Spinozas. Nun übersehe ich durchaus nicht gravierende Unterschiede zwischen der Methode Spinozas und derjenigen Hegels. Bei Hegel wird die »Entfaltung der Wahrheit« durch den Widerspruch getrieben, was so bei Spinoza nicht der Fall ist. Trotzdem: Über den Unterschieden sollte das Gemeinsame nicht übersehen werden. Hegel hat dies in anderen Zusammenhängen – und auch in Bezug auf Spinoza – durchaus zu berücksichtigen gewusst.

7 Mein Verständnis der Platonischen Ideenlehre habe ich in meinen Vorlesungen zur Geschichte der Philosophie darzustellen versucht: Siehe: Helmut Seidel, Von Thales zu Platon, 5. Aufl., Berlin 1989, S. 205 ff.

8 Zur Methode des Aristoteles vgl. Helmut Seidel, Aristoteles und der Ausgang der antiken Philosophie, 2. Aufl., Berlin 1988, S. 70 ff.

9 John Locke kannte Ansichten Spinozas. In seinem Urteil schloss er sich dem gängigen an: Spinoza – ein zu Recht Verrufener. Trotzdem:

Ein hier nicht anzustellender umfassender Vergleich zwischen der Philosophie Spinozas und der Lockes und in Sonderheit die Wirkungsgeschichte beider philosophischer Konzeptionen könnte nicht nur dazu beitragen, die Widersprüchlichkeit der europäischen Aufklärung zu erfassen, sondern auch das Werden der geistigen und politischen Situation unserer Gegenwart zu erhellen.

10 Vgl. hierzu: G.W. Plechanow, Bernstein und der Materialismus, in: ders., Werke, Bd. XI, Moskau/Leningrad 1929, S. 26 (russ.).

11 Die auch weitgehend institutionell vorgenommene Trennung von Psychologie und philosophischer Erkenntnistheorie hatte sicherlich gute Gründe. Kein Zweifel, dass die Arbeitsteilung und der Ausschluss haltloser Spekulationen aus der Psychologie den Erkenntnisgewinn förderten. Nur darf die Spezialisierung nicht übertrieben werden. Sonst hat man Teile in der Hand, denen das zusammenhaltende Band fehlt.

Spinoza hat – soweit dies dem endlichen Verstand möglich ist – die Natur in ihrer Totalität betrachtet und so auch die Natur des Menschen.

12 »Wenn Gott als die eine Substanz zu fassen, das Zeitalter empörte, worin diese Bestimmung ausgesprochen wurde, so lag [...] der Grund hiervon in dem Instinkte, dass darin das Selbstbewusstsein nur untergegangen, nicht erhalten ist.« G.W.F. Hegel, Phänomenologie des Geistes, Leipzig 1907, S. 13. Aber auch: »Spinoza ist der Hauptpunkt der modernen Philosophie: entweder Spinozismus oder keine Philosophie.« G.W.F. Hegel: Vorlesungen über die Geschichte der Philosophie, in: ders., Werke, Bd. 15, Berlin 1936, S. 374. Und: »Im Allgemeinen ist darüber zu bemerken, dass das Denken sich auf den Standpunkt des Spinozismus gestellt haben muss; das ist der wesentliche Anfang alles Philosophierens. Wenn man anfängt zu philosophieren, so muss man zuerst Spinozist sein. Die Seele muss sich baden in diesem Aether der einen Substanz, in der alles, was man für wahr gehalten hat, untergegangen ist.« Ebenda, S. 376.

13 Denker der französischen Aufklärung, die ihre Kritik gegen die Unnatürlichkeit und Gekünsteltheit der zeitgenössischen Kultur richten, setzen sehr oft das Natürliche mit dem Guten gleich. Diderots Roman *Die Nonne* ist hierfür ein Beispiel.

14 Helmut Seidel, Identität von Philosophie und Ethik. Bemerkungen zu Spinozas philosophischem Hauptwerk, in: Baruch Spinoza, Ethik, hrsg. von Helmut Seidel, Leipzig 1987, S. 20.

15 Ein vermittelter Bezug zum Begriff Alienation liegt allerdings dort vor, wo Spinoza zwischen »homo sui iuris« (unter seinem eigenen Rechte stehender Mensch) und »homo alieni iuris« (unter fremdem Recht stehender Mensch) unterscheidet. (TP II, 9)

16 Soweit ich sehe, ist es erstmals von Kirchmann gewesen, der in seiner Ausgabe des TTP (1870) einen Widerspruch zwischen der Ethik und dem TTP aufdecken zu müssen glaubte. Er hat dabei allerdings weniger das Methodenproblem im Auge als vielmehr Spinozas Stellung zum Christentum.

17 J. Freudenthal hat diesen Gedanken ausführlich begründet. Vgl. J. Freudenthal, Spinoza – Sein Leben und sein Werk, Bd. 1, Stuttgart 1904, S. 171 ff. Carl Gebhardt hat diesen Gedanken aufgegriffen und weitergeführt.

18 »Was die Staatslehre betrifft, so besteht der Unterschied zwischen mir und Hobbes [...] darin, dass ich das Naturrecht immer unangetastet lasse und dass ich der höchsten Obrigkeit in einer jeden Stadt nur so viel Recht den Untertanen gegenüber zuerkenne, als dem Maße von Macht entspricht, um das sie den Untertan überragt, als welches immer im Naturzustand der Fall ist.« (E., 209, Brief 50 an Jelles)

19 F.W.J. Schelling, Zur Geschichte der neueren Philosophie, Leipzig 1966, S. 54.

20 Vgl. Ursula Goldenbaum, Zur Spinoza-Rezeption im Marxismus und bei Marx, in: INITIAL. Zeitschrift für sozialwissenschaftlichen Diskurs, 3/1993, S. 39 ff.

21 Hermann Glockner, Vom Wesen der deutschen Philosophie, Stuttgart 1941, S. 23. Vgl. Manfred Walther, Einführung in die Thematik, in: Spinoza und der deutsche Idealismus. Schriftenreihe der Spinoza-Gesellschaft, Würzburg 1991, S. 9. Walther, dem ich den Hinweis auf Glockner verdanke, verbindet seine Kritik an Glockner mit der Kritik einer Tendenz, in der Spinoza aus dem Denkzusammenhang okzidental-rationalen Philosophierens herausgenommen und seine Philosophie als Wiederkehr des orientalischen Prinzips auf okzidentalem Boden interpretiert wird. Zu ergänzen wäre: Verbunden mit dem

von Glockner gezeichneten Spinozabild ist eine abstrakte Gegenüberstellung von Spinoza und Leibniz. »Während bei dem durch und durch undeutschen Spinoza die Persönlichkeit keinen Eigenwert und keine Freiheit besitzt, wird sie von Leibniz grundsätzlich als Mikrokosmos gefasst.« Glockner, a.a.O., S. 22.

22 Theodor Litt, Leibniz und die deutsche Gegenwart, Wiesbaden 1946, S. 9. Im Hinblick auf die abstrakte Gegenüberstellung von Spinoza und Leibniz ist bei Litt kein gravierender Unterschied zu Glockner feststellbar.

23 Was die internationale Spinozaforschung betrifft, so kann in diesem Rahmen wegen der fast unübersehbaren Zahl der Titel nicht einmal eine allgemeine Übersicht gegeben werden. Zu vermerken ist hier nur, dass in Holland und in Israel, in Belgien, Frankreich, Italien und Spanien, in den nordeuropäischen Ländern und in Japan intensive Spinozastudien betrieben werden. Auch in den osteuropäischen Ländern ist Spinoza nie zu einer wahren Vergangenheit geworden. Ein Beispiel hierfür ist der herausragende Moskauer Philosoph Ewald Iljenkow, der nicht nur ein gründlicher Kenner, sondern auch ein glühender Verehrer von Spinoza war.

24 Arnold Zweig, Spinoza, Leipzig 1961.

25 Von den Protagonisten dieser Bewegung seien hier Wolfgang Bartuschat, Klaus Hammacher und Manfred Walther genannt. Die Monographie des Letztgenannten, *Metaphysik als Anti-Theologie. Die Philosophie Spinozas im Zusammenhang der religionsphilosophischen Problematik* (Hamburg 1971) und Wolfgang Bartuschats *Spinozas Theorie des Menschen* (Hamburg 1992) bezeichnen Höhepunkte derselben.

26 Von den *Studia Spinozana – An International & Interdisciplinary Series* sind bisher sieben umfangreiche Bände erschienen. Weitere sind in Vorbereitung.

27 Hermann Kenner, Siegfried Wollgast, Ursula Goldenbaum u.a. haben in der DDR das Andenken Spinozas hochgehalten. Der Autor dieser Zeilen will nicht leugnen, dass er daran seinen Anteil hatte.

Literaturhinweise

1. Werke von Baruch de Spinoza (Kürzel in alphabetischer Reihenfolge)

E Briefwechsel übers. und mit Anmerkungen versehen von Carl Gebhardt, 2. durch weitere Briefe ergänzte Aufl., Hamburg 1977. Im Text als E bezeichnet (= Epistoeal).

Eth. Die Ethik nach geometrischer Methode dargestellt, übers. und mit Anmerkungen versehen von Otto Baensch, Hamburg 1989. Ethik, aus dem Lat. übers. von Jacob Stern, hrsg. von Helmut Seidel, 4. erw. Aufl., Leipzig 1987. Im Text als Eth. bezeichnet (= Ethica)

TIE Abhandlung über die Verbesserung des Verstandes, neu übers., hrsg., mit Einleitung und Anmerkungen versehen von Wolfgang Bartuschat, Hamburg 1993. Im Text als TIE bezeichnet (= Tractatus Intellectus Emandatione).

TP Politischer Traktat, aus dem Lat. übers. von Gerhard Güpner, hrsg. und mit einem Anhang versehen von Hermann Klenner, Leipzig 1988. Im Text als TP bezeichnet (Tractatus Politicus).

TTP Theologisch-politischer Traktat, auf der Grundlage der Übersetzung von Carl Gebhardt neu bearbeitet, eingeleitet und hrsg. von Günter Gawlick, Hamburg 1976.
Der Theologisch-politische Traktat, aus dem Lat. übers. von Jacob Stern, mit einem Essay »Spinoza und die Denkfreiheit« von Helmut Seidel, Leipzig 1966. Im Text als TTP bezeichnet (= Tractatus Theologico-Politicus).

2. Literatur über Baruch de Spinoza

Im Rahmen dieser Einführung kann auf Angaben zur kaum noch zu überschauenden Sekundärliteratur zu Spinoza verzichtet werden. Interessenten seien auf die Bibliographien verwiesen, die in den meisten der oben genannten Werke zu finden sind.

Zeittafel

1632 Baruch Spinoza wird am 24. November im Amsterdamer Stadtteil Vloonburg geboren. Er wächst in einer jüdischen Familie auf, die wegen religiöser Verfolgung aus Portugal floh und in Amsterdam Asyl fand.

1633 Vor dem katholischen Inquisitionsgericht widerruft Galileo Galilei (1564-1642) seine Lehren.

1637 Beginn des Schulunterrichts Spinozas in der portugiesisch-jüdischen Gemeindeschule Ets Haim (Baum des Lebens).

1638 Spinozas Mutter, Hanna Debora, stirbt.

1644 Wahrscheinlicher Eintritt Spinozas in die Talmud-Schule Jeschiwa des Rabbiners Saul Levi Morteiras.

1654 Spinozas Vater, Michael, der noch in Portugal geboren wurde, stirbt.

1656 Die Amsterdamer Synagoge verhängt den Bannfluch über Spinoza. In ihm heißt es: »Verflucht sei er am Tage, und verflucht sei er in der Nacht. Verflucht sei er, wenn er sich niederlegt, und verflucht sei er, wenn er aufsteht. Verflucht sei er, wenn er ausgeht, und verflucht sei er, wenn er zurückkehrt. Der Herr wolle ihm nicht verzeihen.«
Spinoza verfasst – in spanischer Sprache – eine Schrift, in der er seine Lossagung von der Synagoge rechtfertigt. Sie ist verloren gegangen. Möglich, dass Gedanken, die in dieser Schrift entwickelt wurden, in den ersten Teil des *Theologisch-politischen Traktats* Eingang gefunden haben.
Aufnahme in die Latein-Schule des freisinnigen Franciscus van den Enden (1602-1674). Zugang zur Philosophie und Wissenschaft der Antike und der Neuzeit.

1660 Spinozas *Korte Verhandeling van God, de Mensch en deszelves welstand* kursiert in seinem Freundenkreis, der von freisinnigen Arminianern, Mennoniten, Quäkern, Sozianern und Kollegianten gebildet wurde. Der *Kurze Traktat über Gott, den Menschen und seine Glückseligkeit* ist das erste Zeugnis, das von Spinozas origineller Philosophie kündet. Der *Kurze Traktat* verhält sich zum Hauptwerk, der *Ethik*, ähnlich wie Goethes *Urfaust* zum reifen Werk. Spinoza wird gezwungen, Amsterdam zu verlassen. Er übersiedelt in das Kollegiantendorf Rijnsburg bei Leiden.

1661 Beginn der Korrespondenz mit dem Sekretär der Londoner Royal Society, Heinrich Oldenburg.

1663 Publikation von *Renati Descartes principie philosophiae.* Was Descartes forderte, realisiert Spinoza: geometrische Darstellungsweise. Das Buch soll aus dem Unterricht hervorgegangen sein, den Spinoza einem Studenten erteilt hat. Die Freunde drängten auf Veröffentlichung, um die Regentenpartei auf Spinoza aufmerksam zu machen. Es blieb das einzige Buch, das Spinoza unter seinem Namen veröffentlichte. Übersiedlung nach Voorburg bei Den Haag.

1665 Spinoza unterbricht seine Arbeit an seinem Hauptwerk und beginnt die Arbeit am *Theologisch-politischen Traktat.*

1669 Übersiedlung nach Den Haag.

1670 Der *Tractatus theologico-politicus* erscheint anonym und unter Angabe eines falschen Druckortes. Es folgt eine Flut von Gegenschriften.

1672 Ermordung von Jan und Cornelins de Witt bei einem von der Oranier-Partei angezettelten Aufruhr.

1673 Ablehnung des Angebots, eine Professur an der Heidelberger Universität zu übernehmen. Reise in das Lager des Prinzen de Conde.

1674 Verbot des *Theologisch-politischen Traktats* durch Wilhelm III. von Oranien.

1675 Die *Ethik* ist vollendet. Spinoza verschiebt die Drucklegung, da unter den gegebenen Umständen ein sofortiges Verbot und die Verfolgung des Autors zu erwarten sind.

1676 Leibniz besucht Spinoza. Leibniz' Haltung zu Spinoza schwankt zwischen partieller Anerkennung und genereller Ablehnung.

1677 Am 21.12. stirbt Spinoza an Tuberkulose. Die Freunde geben die *Opera posthuma* heraus. Wesentlicher Inhalt: Die *Ethik*, die zwei unvollendet gebliebenen Traktate über die Verbesserung des Verstandes und den *Politischen Traktat* sowie den *Briefwechsel*. Dass die Herausgeber noch lebende Personen schützen wollten und aus diesem Grund zu anstößige Stellen weggelassen haben, ist verständlich. Doch auch dies half nicht.

1678 Verbot der *Opera posthuma*.

1679 Die katholische Kirche setzt den *Theologisch-politischen Traktat* und wenige Jahre später auch die *Opera posthuma* auf den Index der verbotenen Bücher.

Helmut Seidel, geb. 1929, Prof. Dr. phil. habil., war bis 1990 Leiter des Fachbereichs Geschichte der Philosophie an der Karl-Marx-Universität in Leipzig. Für den Reclam-Verlag Leipzig Edition von Spinozas *Ethik* und *Theologisch-politischem Traktat*. Beiträge zur Spinozaforschung, Marxforschung, antiken Philosophie u.v.m.